U0683164

艺术品鉴赏与投资丛书

中国画

收藏与投资

章用秀○编著

中国书店

图书在版编目（CIP）数据

中国画收藏与投资 /章用秀编著. —北京：中国书店，2012.5

（艺术品鉴赏与投资系列丛书）

ISBN 978-7-5149-0202-0

1. Ⅰ. ①中… Ⅱ. ①章… Ⅲ. ①中国画—收藏—基本知识②.中国画—投资—基本知识Ⅳ. ①G894②J124

中国版本图书馆CIP数据核字(2012)第213321号

中国画收藏与投资

章用秀 / 编著

责任编辑：陈利辉

出版发行：中国书店

地　　址：北京市西城区琉璃厂东街115号

邮　　编：100050

印　　刷：北京市十月印刷有限公司

开　　本：787mm×1092mm　1 / 16

版　　次：2012年5月第1版　2012年5月第1次印刷

字　　数：110千字

印　　张：13.5

书　　号：ISBN 978-7-5149-0202-0

定　　价：78.00元

序 言

中国画又称国画，在世界美术领域内自成独特体系。它是以毛笔、墨和中国画颜料，在特制的宣纸或绢上作画；题材上有人物、山水、花卉、翎毛、草虫之分；技法上可分为工笔和写意两种；描绘物象上，主要运用线条、墨色来表现形体、质感，有高度的表现力，并与文学、书法和篆刻相结合，达到“形神兼备”、“气韵生动”的效果。中国画发展延续至今已有数千年优良传统，在历史长河的各个时期都涌现了不少革新创造的著名画家。

中国画因其鲜明的民族形式和风格备受世界人民，特别是中国人民的青睐。这些年，随着中国文化地位的提升和美术事业的繁荣，绚丽多姿、魅力恒久的中国画在艺术品市场的价位屡创新高。以中国嘉德四季第 25 期拍卖于 2011 年 3 月 22 日在北京强势收槌为例，总成交额达 6.4 亿元人民币。其中，中国书画受到市场强劲回应，以 4.94 亿元的总成交额攀上嘉德四季新高位，平均成交比率超过 90%。

事实证明，中国画现已成为具有精神和物质双重特性的珍宝，是继股票、房地产之后国内最火的投资领域。按照业内人士的说法，绘画艺术品的投资具有一个有利的特性，它是一种不一定非得具有很强的资金实力才可进行的投资，较少的资金也可进行；与其他投资项目相比：银行存款、债券的利率低，股票、期货、黄金、外币的投资品种变数多、风险大，中国画投资回报却是稳定增值。就获利而言，绘画艺术品是最具潜力的投资。有资料表明，自 2004 年以来，中国艺术品收藏投资年回报率为 26%，文物、古玩每年升值率为 20%，已经超过风险率较高的股票和房地产。

任何投资都有其自身规律，中国画同样如此。要想使绘画艺术品增值，对作品的选择至关重要。对于个人投资者如何进行艺术品投资，一位资深研究者曾提出 15 字方针，可作借鉴：高——艺术家的力作、代表作；精——作品一定要精；尖——最出色、最得意、最精彩的作品；珍——珍贵；奇——出奇；新——创新或者新现世的品类；稀——物以稀为贵；绝——绝作、绝品；雅——高贵、典雅；重——要选择大、重的作品；妙——神、妙之品；真——真迹、真品；平——价格相对便宜；品——品相完好、完整、完美；全——藏品配套，成系列。

收藏品的真伪是最关键的投资条件。时下投资中国画的最大困扰就是作伪、售伪行为。中国画的作伪由来已久，手法包括摹、临、仿、造、改及代笔等，并有明显的地域性特点。如今不少高智商、高科技的作伪方法已应用到赝品制作中来，传统作伪方法随着时代的变迁有了新的演进，藏家若对各种造假手段不甚了了，很容易进入鉴定的“盲区”；而投资中国画的大忌便是千万不能购进赝品，购进赝品等于白白砸钱，血本无归。面对纷繁复杂的收藏市场，投资中国画更需要具备广博的知识、敏锐的眼力、冷静的思维。

收藏中国画既然作为投资手段，投资人必须熟悉艺术品市场，把握拍卖规律，摸清作品行情，从中国经济趋势认清绘画投资市场前景。从某种意义上讲，收藏的学问也是交易的学问。身为藏家，一定要讲究投资策略，慎重对待每次交易，把上拍场看做是上战场。尽量购买那些确有升值空间的作品，最起码也得物有所值，做一个有眼光、有远见的，足智多谋的投资者。

本人多年从事中国画收藏，在如何投资、如何鉴定、如何交易等各个环节积累了丰富的经验，书中不少内容是讲我个人的经历，既有成功，也有失误，以现身说法将藏画、鉴画、买画的心得体会娓娓道来，和盘托出，实事求是，毫不隐晦。书中收录的作品不少来自本人的私家收藏品。

《中国画收藏与投资》一书，是“艺术品鉴赏与投资丛书”的一种，可作为中国画投资爱好者的学习资料书，也可作为中国画投资爱好者的投资指导手册，又可作为绘画艺术品经营者和相关院校师生的参考手册。

全书分六章，每章数节。我在写作过程中，翻阅并借鉴了相关书籍和报刊上的一些观点，在此谨向各位作者表示诚挚的谢意！

章用秀

2011 年 1 月

目 录 MULU

绿天庵图
未日无间人绿
只有僧士种树
不数株清凉热
相似

第一章 历代绘画的基本特征

一部中国绘画史好似一条长长的河，绵延千里，有时平缓，有时滞涩，有时回旋，有时急湍。

波普《批评论》曾言：『揣摹古人的规律即是揣摹人性。』收藏与投资中国画，首要的一点是要了解古代乃至近现代绘画的基本特征和中国艺术的发生、发展规律。

一、魏晋南北朝绘画

中国绘画，肇自先秦。湖南长沙楚墓出土的两幅旌幡式帛画，一曰《人物龙凤帛画》，一曰《人物御龙帛画》，已露东方绘事端倪，人物比例匀称，仪态庄严，格调典雅。“西汉则人物禽兽，或刻石，或缣素，乃至器物，大都雄浑飞动而合于宅用。”（台静农语）但真正的专业画家的出现当是在魏晋南北朝之后。

我们现在已经很少能看到魏晋南北朝的绘画真迹了，但所幸仍有些凤毛麟角，从中可以看出，与汉代相比，真正独立的绘画作品开始涌现了。此时的绘画形式大都以长卷式为主，传世的《女史箴图》、《洛神赋图》均为此式。作品的题材开始表现当代的实际生活。东吴的曹不兴是有记载的第一位有影响的画家。他的画被形容为“曹衣出水”而万古流芳。继其后，卫协、顾恺之、陆探微、张僧繇也横空出世。绘画的风格已趋于多样化，人物画在表现人物的内在气质上已有所进展，山水画和花鸟画在当时正值春芽破土，含苞欲放。

最初的中国画论也滥觞于此时。晋顾恺之在其相关画论中已提出“迁想妙得”、“传神”等观点。南朝谢赫的《画品》是

洛神赋图（宋摹本）
东晋·顾恺之

女史箴图（局部）
东晋·顾恺之

校书图（宋摹本）
北齐·佚名

第一部对绘画作品、作者进行品评的理论文章，并推出千古绝唱——中国画"六法"，即：一、气韵生动；二、骨法用笔；三、应物象形；四、随类赋彩；五、经营位置；六、传移模写。此"六法"至今1500年来，成为历代中国画家的座右铭和口头禅。南朝的宗炳和王微的画论也振聋发聩。宗炳秉玄、释、儒、道之哲思，作《画山水序》，指出画家图绘山水之象而可领悟虚无之道，对中国山水画的东方式审美追求开了先河。王微则强调山水画中的"致"和"情"，他情不自禁地直呼："望秋云，神飞扬，临春风，思浩荡。虽有金石之乐，珪璋之琛，岂能仿佛之哉。"直接表达了艺术家的胸襟，体现了天人合一、物我两忘之意境。

魏晋南北朝是中国笔墨卷轴绘画的序幕阶段，为隋唐绘画的繁荣做好了充分的实践准备和理论准备。可以说，中国画在魏晋南北朝已经进入到自觉状态。山水画、花鸟画初具雏形，人物画已进入相当高的水平。

列女仁智图（宋摹本）

东晋·顾恺之

全卷 25cm×470.3cm

二、隋唐绘画

隋唐时期，南北统一，加之帝王喜好绘画，绘画艺术空前繁荣，人物、山水、花鸟各科均有建树。

隋代，聚集于京师长安的各地名画家，有原在京师的杨契丹、郑法士、田僧亮等人，又有来自河北的展子虔、江南的董伯仁、于阗的尉迟跋质那和来自印度的释迦佛陀等画家。他们互相取长补短，彼此竞胜，交流技艺，对绘画的提高有很大影响。据说隋炀帝曾撰《古今艺术图》五十卷，图后有说明；在东都洛阳观文殿后建造妙楷台和宝迹台，专门陈列古代书法绘画，足见对艺术的重视。

隋代展子虔（约 550–604）所作《游春图》是我国发现的存世山水卷轴画中最古的一幅。它生动描绘出大地上的明媚春

唐代虢国夫人游春图（局部）
隋・展子虔

光和游人在山水中纵情游乐的神态。各种花树点满山野，桃红柳绿，相映成趣。山上有骑马的游人，水中有乘船的妇女，瀑布前有桥，远山近坡，层次鲜明。在色彩上，运用了浓重的青绿填色，作为全画的主题，有勾无皴。这种浓重的青绿色调，正是春天自然景色的特征。

唐代的人物画和动物画家甚多，对后世影响深远的有阎立本、吴道子、张萱、周昉、韩干、韩滉等。

阎立本（约601–673），唐代画家，道释人物、山水、车马无所不能，尤其擅长人物肖像与历史风俗画。传世作品有《步辇图》、《职贡图》、《萧翼赚兰亭图》等，以擅长刻画人物的精神面貌和性格特征著称，用笔遒劲有力。

历代帝王图（局部）
唐·阎立本（传）

吴道子(约680–759)，是一位大画家，千余年来民间画工把他奉为“祖师”，士大夫画家尊他为“画圣”。他从艺于唐代盛期。他擅长画人物、宗教壁画和山水画，也工雕塑，被称为“吴家样”，落笔雄健，敷色简淡，线描富有运动感、节奏感，挺拔有力，转折自然，流畅飘动，亦被称为“吴带当风”。与曹仲达薄衣贴体的“曹衣出水”的“曹家样”很不相同，而形成了人物画用笔的两大派别。

张萱（生卒年不详），是盛唐时期擅长画妇女和儿童的画家。所画妇女，面相丰满、体态健康，与唐代彩塑风格一致，并且以朱色晕染耳根为其特点。

周昉（公元8世纪–公元9世纪），是盛唐末期的宗教和人物画家，尤以仕女画著称。他所画的佛像及菩萨像，体态丰满、容貌端庄、色彩柔丽、生动传神，一扫秀骨清象风格，同现实生活中的人物十分相似。

韩滉（723–787），是唐代中期的重要画家。他在绘画上特别喜欢画牛和农家风光。传世的《五牛图》中五头牛的姿态各异，但都神气活现，茁壮朴实。

戴嵩（生卒年不详），唐代画家，是韩滉的学生，据说他在画牛技艺上还超过了他的老师。他能画出牛的生活习性和性格特征。

曹霸是画马的能手，他能对马写生，一挥而就，惜乎其作品无传。

簪花仕女图（局部）
唐·周昉

韩干是曹霸的学生，他重视写生观察。画马，形体高大肥壮，精神饱满、骨肉匀称。

韦偃与韩干同时代，亦以画马闻名，有一幅重要作品《牧放图》，由宋代画家李公麟临摹而保存下来。作品描绘的是皇家牧场的放牧活动场面。画面用长卷形式，共画各种状态的马1300多匹和牧马者140多人，表现出浩大的场景和气势。

唐代时，山水画已发展成为一门独立的画科，出现了以李思训和王维为代表的两个不同画派。

李思训（651–716），唐宗室，官至右武卫大将军，故被称为“大李将军”。他的儿子李昭道也善画山水，在其父技法的基础上，更加精工细密，人称“小李将军”。李思训的山水从配合情节内容的背景，转变为以描写山川景色为重点，继承并发展了展子虔的山水画法，运用了金碧辉煌的色彩，在青绿山水中加入金粉描线，气氛富丽，装饰性强。这种画法不仅特具风格，而且成为一种样式，被称为“金碧山水”。

王维（701–761），字摩诘，出身贵族世家，官至尚书右丞，故称王右丞。曾经历过“安史之乱”和仕途沉浮，晚年隐退山林，他的诗画表现出淡泊自然的意境。他奠定了诗画结合的水墨山水，被尊为文人画派之祖。

张璪，又作张藻（生卒年不详），字文通，善画松石山水，在技法上发展了水墨山水。

王洽（生卒年不详），《历代名画记》作王默，《唐代名画录》作王墨，为人性情放纵，嗜酒成癖。据说他作画多在醉酒后，将墨泼于纸或绢上，然后依据墨溅的自然形状，画成各种山林树石，随意应手画成，

人称“王泼墨”。“泼墨法”是水墨山水技法的又一个发展。

唐代的花鸟画，由于宫廷殿阁和贵族屋室以及寺观壁画的装饰需要，发展较快，成为独立画科。初唐的薛稷以画鹤闻名。边鸾是唐代中期的花鸟画名家，尤其擅长画折枝花鸟、蜂、蝶等题材，下笔轻利，设色精工。萧悦以画竹闻名。晚唐时的周滉则善画山水边、沙溪的荷花、水鸟等。

唐代，随着绘画的蓬勃发展，有关绘画的著述也日益增多，并逐步完备。如画理方面有王维的《山水诀》、《山水论》；有关画家评论及画迹记述的有李嗣真的《后画品》、释彦悰的《后画录》、朱景玄的《唐朝名画录》和裴孝源的《贞观公私画史》等。晚唐时，又有张彦远的《历代名画记》一书，此书是我国第一部比较系统而完整的古代绘画艺术通史。

三、五代时期绘画

五代时期，中原地区战乱频繁，绘画活动较唐代减少，但山水画却有长足发展，花鸟画达到鼎盛，人物画也颇为典型。

五代时期是山水画发展的重要阶段，继唐代形成的水墨或青绿山水画法之后，画家进一步深入大自然，促使山水画技法更加成熟，并形成不同地区的风格特征。在北方以荆浩及其学生关仝为代表，描绘了气势雄伟的北方峻岭。在南方，以董源和他的学生巨然为代表，刻画出草木秀丽的江南景色。从而形成中国山水画的两大流派。

荆浩（后梁，生卒年不详）擅长于表现黄河中游两岸的大山大水，多用全景式的构图，展现出大自然的宽大深奥、雄浑壮丽。关仝（后梁，生卒年不详）擅长描绘秋山寒林、村居、野渡、渔市、山驿之类的题材，画风更加概括，具有雄伟苍凉的气势。

董源（？–约962），南唐画家，善画“山水江湖、风雨溪谷、峰峦晦明、林霏烟云”，画风与荆、关一派的用笔严整不同，可以获得远望效果。巨然（生卒年不详），南唐画家，画风比董源峭拔，又喜作山顶小石，名为矾头，为其特点。荆、关、董、巨并称为五代山水画的四大名家。除四大家外，还有南唐画院的卫贤、赵干等。

五代时期的花鸟画，摆脱了唐代装饰艺术的要求，而趋向于写实，展现当时人们的生活情趣，反映了人们对美的追求，终使花鸟与人物、山水鼎足而立。花鸟画

在西蜀尤其受到重视，唐末的花鸟画名家滕昌祐与刁光胤先后入蜀，起了促进作用。滕昌祐以画鹤著名，并擅长折枝花果。

刁光胤善画湖石草竹、猫兔鸟雀，在寺院创作了许多花鸟壁画，入蜀三十余年，笔无暂暇。黄筌、孔嵩等人均得他的亲授。

黄筌（？ –965），五代十国西蜀画家，自幼善画，有奇才。竹石花雀学刁光胤，龙、水、松石学孙位，山水竹树学李昇，鹤学薛稷。黄筌能兼收并蓄，吸收各家之长兼而有之，并能超过老师，自成一体。他擅长花鸟，亦能画人物、山水。他的画多取材于宫苑中的珍禽异兽、奇花怪石。表现技法为双勾填彩，色彩富丽，用笔工细，注重写实。南唐徐熙是与黄筌同时代的人，他出身贵族，但一生不仕，以毕生精力从事艺术创作。他不直接服务于宫廷贵族，又不供职画院，可以自由接触生活，所表现的题材、画法风格与黄筌迥然不同。多画江湖田野、自然景物，如汀花、野竹、水鸟、渊鱼等。在技法上则以墨为主，先用墨画形态，后轻敷淡色，着重于笔墨的生动活泼，效果生机盎然。

五代时期的人物画以南唐最具代表性。南唐的人物画常描绘宫廷贵族及士大夫生活，形象刻画细致入微。

周文矩（约 907–975），是南唐画院待诏，他继承与发展了张萱和周昉的风格，

溪山兰若图
五代・巨然
水墨绢本 立轴
184.5cm×57.5cm

蘋婆山鸟

五代·黄筌 设色 绢册 24.9cm×25.4cm 台北故宫博物院藏

文苑图

五代·周文矩

设色绢本 30.4cm×58.5cm

故宫博物院藏

五代人物画继承唐代余绪，而有所创新。绘画题材除道释画外，尚有肖像画、历史故事画和文人学士、仕女生活画。这些作品除反映当时文人生活习俗外，多着重人物的神情和内心世界，对北宋的人物画影响甚大。周文矩为唐画院待诏，善画人物，尤精仕女。此图绘四文士相聚谈论文章，各有各的表情。图左有宋徽宗题识，并有“天下一人”押字。

更加纤细富丽。在表现技法上，创“颤笔”描来表现布衣的质感。顾闳中（约910–980）也是南唐画院待诏。在画风上也师法张萱、周昉，并有所发展。对于表现贵族生活更加细致入微，刻意描绘人物神情动作，生动传神。作品传世很少，其中以《韩熙载夜宴图》最佳，是我国中古时期绘画杰作。南唐画院待诏王齐翰的《勘书图》（又名《挑耳图》）在人物面部、衣着、手足细节刻画上都极为细腻传神。顾德谦也是人物画家，南唐后主曾称赞他的画，可与顾恺之相比。

八达游春图
五代·赵嵒
设色绢本 轴 161.9cm×102cm
台北故宫博物院藏

四、宋代绘画

继承五代西蜀和南唐成立画院的经验，北宋初期即成立了“翰林图画院”，对绘画的发展有一定推动作用，一些重要的绘画活动都是围绕画院进行的。

山水画在北宋初期是绘画艺术的主流，在艺术成就上也远远超出前人。其影响较大者，首推李成、范宽和以界画著称的郭忠恕等人。李、范二人以表现北方山水画闻名，也代表着山水画发展的崭新水平。

春景山水
宋・刘松年

李成（919—967）因长期居住于营邱，故世称李营邱。画风由荆、关的雄伟壮阔逐渐转为挺进秀润。在画法上，墨色变化较多，适合于表现咫尺重深的平远景象，而且能画出较多的季节气候特征。

范宽（约 950–1027）画风初师荆浩、李成诸人，居住在终南、太华等大山中，面向大自然，朝暮认真观察体会、写生。与李成的画比较，李善画辽阔平远之景，而范却长于山川气势的雄峻逼人，是关陕一带壮丽山川的真实写照。

郭忠恕（生卒年不详），北宋著名画家，曾做官，但几经贬谪，死于流放途中。他的山水、树石都画得很好，尤其擅长界画，甚至真实得恍如可以走进去，但又具有气势高爽、萧散简远的艺术效果。

许道宁（生卒年不详）画风师李成，晚年改变画风，用笔简快，峰峦峭拔，林木劲硬。

燕文贵（967–1044）善写四时风景，被称为“燕家景致”。

高克明（生卒年不详）是宋仁宗时画院待诏，工画山水，也能画人马、花鸟。在入画院前即认真观察自然，慎密构思，笔墨严整、真实。

北宋中后期，著名山水画家有郭熙、王诜、米氏父子、赵令穰等人。

郭熙（1023– 约 1085）活跃于王安石变法时期，曾作画院艺学。他擅长于大幅山水画，有气魄、有功力。善于表现不同季节和气候特点，意境优美，山水整体效果强烈。

王诜（1037–1093 后）是宋英宗的驸马。与郭熙画风相似，善于画枯木寒林，

奇峰万木

宋·燕文贵

仙岩采乐

宋·李唐

秋葵山石
宋・李迪

也能作金碧山水，使山水画向优美抒情方向发展。

惠崇（生卒年不详），僧人，善画小景山水，画面极富诗情，形象地刻画了江南水村的景象，世称“惠崇小景”。

赵令穰（公元12世纪）是宋宗室贵族，以善画小景山水著称。所绘景色无名山大川，多京郊附近江村小景，显出优柔平静的意境，富有清丽温雅的特点。

米芾（1051–1107）和米友仁（1086–1165）父子在绘画上长于用水墨点染来表现烟云一片的江南景色，人称“米点山水”。米芾被后人称为“大米”，米友仁被后人称为“小米”。

南宋的山水画改变了北宋山水画注重于画全景式的大山、大水视角，专注于画山川奇秀的一角，善于从广阔的大自然中概括出最富有艺术感染力的动人形象。促成者乃是马远与夏珪。

马远（12世纪–13世纪）为宋光宗、宁宗时画院待诏。他继承了李唐画风又有创新。他不满足于北宋以来定型的“鸟瞰式”全景构图法，而多取平视或仰视构图。在笔墨上喜用焦墨作树石，以大斧劈皴带水墨晕染山石，质感很强，形成气势纵横、雄奇简练的风格。

夏珪（约1194–1225）画风近马远，构图简练，爱用大斧劈皴，但马远境险奇，夏珪则朴素自然；马画树多夹笔，夏多用点笔。夏还喜用秃笔，并用水墨斧劈皴，

江山秋色图卷（局部）
宋·赵伯驹

表现风、雪、烟、雨的江湖景色十分得体，富有淋漓苍茫、浑厚秀润的效果。

马、夏之外，李唐、刘松年等也是这一新派人物的代表。

李唐（1048-约1135年）经历了北宋与南宋间的战乱，作品中流露出爱国情感，反映了人民苦难的生活境况。他忠实自然，创立山水画的“大斧劈”皴法，用笔粗大，夹杂偏锋，刚劲有力，气势雄壮，硬质坚硬，富于立体感。墨染次数少，多与皴勾一次完成，适于山石形体的表现。

刘松年（约1155-1218）的山水画，在强劲中又显出清丽细润、工整不苟的风格。在他的画上经常把人物活动与自然风景紧密地结合起来。

宋代山水画家还有师承与发展了唐代李思训、李昭道父子“青绿山水”的赵伯驹、赵伯骕兄弟及王希孟等。

与山水画相比，宋代的花鸟画也毫不逊色。北宋时期，以艳丽精致为工的黄家画风，一直占着支配地位。黄筌之子黄居寀备受宠遇，成为画院中心人物。而徐熙的画风则受到排挤，其孙徐崇嗣入画院后，也得改学黄家风格，但他发挥创造，创“没骨法”，使花鸟画风的表现技法更为丰富活泼。黄家画风曾支配画院内外达百年之久。到了熙宁、元丰年间（1068-1085），花鸟画终于突破了黄家格调，一些画家（如赵昌、易元吉、崔白等人）重视写生，并能融合徐、黄二家优点，增添了生活气息，出现了花鸟画发展的新局面。此外，在描绘梅、兰、竹、菊等题材方面也有很多名家出现，还有一些无名可考的“宋人小品”传世，可见当时花鸟画的繁荣和成就。

尤值得一提的是宋徽宗赵佶（1082-1135），此人在政治上昏庸腐朽，但却是个极有作为的画家和艺术鉴赏家。他擅长花鸟画，也能画山水、人物，风格精工细致、缜密富丽。当然也有一些作品不是他画的，可能是题了他的名字的“供御画”。赵佶重视艺术，他对宫廷画院的发展也起了重大的推动作用。

北宋的著名花鸟画家还有画梅名家杨补之，以及擅画墨竹的杰出诗人和文学家苏轼

瑞鹤图　宋·赵佶 1112 年作　设色绢本 51cm×138.2cm　辽宁省博物馆藏

等。特别是以苏轼、文同为代表的这些集诗人、画家及书法家于一身的文人画家，认为诗、书、画都是文人寄意的媒介，因此注重内心感受的表达，作画不在于形似，而在于写意，为中国的画坛史开创了崭新的画风，影响深远。

南宋的人物画家有李公麟（1049-1106），他对传统绘画作过大量的临摹，并重视写生，敢于独创，尤以白描著称，把原来只作为粉本的白描发展成独立的绘画形式。

高益（生卒年不详）原为契丹涿郡（今河北涿州）人，经常画些鬼、神、犬、马与药一起出售，后遇皇家近亲孙四皓将他的《搜山图》献给皇帝，受到赏识。

武宗元（约 980-1050），字总之，擅长壁画，被认为可与吴道子相比，人称“小吴生”。

此时，以城乡人的生活为题材的风俗画日见增多。张择端于北宋末年曾进入画院，擅长界画楼台、舟车房屋、桥梁城廓等题材。他的《清明上河图》驰名中外，画的是当时清明节京都开封汴河两岸的繁荣风光。画面分城郊、河道与街市三段。人物熙攘，热闹非凡。作者把人物、街市、舟车、什物等安排得错落有致，全画浑然一体，如一气呵成，显示出作者高超的艺术才能。

梁楷（生卒年不详）自称梁疯子，先世为官僚贵族，1201-1204 年间为南宋画院待诏。创“减笔描”，间用泼墨法写道释人物，颇有独创性。这种速写式的减笔画法，带有文人笔墨性质，利用高度概括达到巧妙传神的艺术效果。

苏汉臣（生卒年不详），1119-1125 年间任画院待诏，以妇女儿童的题材作画闻名于当时，画面情趣盎然。

此外，王居正、陈居中、萧照、李嵩等，在人物画上也有重大成就。

宋代有关绘画理论的专著有：郭若虚的《图画见闻志》、邓椿的《画继》、《宣和画谱》和米芾的《画史》。

五、元代绘画

元代取消了五代、两宋以来的画院制度，除少数专业画家服务于宫廷外，更多画家隐居不仕，以画自娱或抒情，故而元代绘画表现出典型的“文人画”特点。突出书画的文学性，追求笔墨情趣，重视绘画中的书法趣味以及诗、书、画三者的结合。元代以文人画为主体的绘画，强调“古意”和“士气”，反对“作家气”，摒弃所谓南宋院体的“近体”，不再过分强调山水画的内在结构和韵律，而更注重将自然景物作为主观意趣抒发的载体，彰显画家的人格和个性。

元代著名画家，北方主要有李衎、高克恭。

李衎（1244–1320），字仲宾，宋末元初画家，最善画竹，师法文同，在其出使交趾（今越南北部）期间，深入竹乡观察体会，能表现四季之竹，著有《竹谱》一书，对于竹的形状、画法都有系统论述，并附有图谱，十分可贵。

高克恭（1248–1310），官至刑部尚书，多次到江南任职，遍观江南山水，与江南文艺家有密切交往。他擅长画山水、竹石。画法学米氏父子，又汲取董源、巨然、李成的画法，而形成自己风貌。

赵孟頫、钱选则生活在江南。

赵孟頫（1254–1322），字子昂，号松雪道人，是宋朝宗室。元时将其收抚，委以高官，借以收买汉族文人为其服务，官至翰林学士承旨，官职显赫，才能超众。诗文书画冠绝当时，成为元初画坛的中心人物。精通人物、鞍马、山水、花鸟。

秋郊饮马图卷

元·赵孟頫　绢本 设色　27.2cm×68cm

他运用书法上的功力，结合绘画的笔墨技法，宣传“书画同源”，强调以写代描，并主张复古。他还提出作画要有“古意”，追求唐代笔墨技法，攻击宋代的“院体画”。他在人物、鞍马方面着重形象的细微刻画，工笔重彩；山水、竹石方面，继承和发展了宋代水墨技法中的笔墨意趣的造诣，对当代及后代画坛都有很大影响。

钱选（1239–1301），字舜举，号玉潭，赵孟頫的同乡，又是好朋友。他对诗、书、画均工。在绘画上，人物、山水、花鸟、鞍马，无不擅长，尤善作折枝花，作品特点是“精巧工致”。

元代中期画家多集中在江浙一带，如黄公望、吴镇、倪瓒、王蒙，被后人称为“元四家”。

黄公望（1269–1354），字子久，号一峰，又号大痴。中年为小吏，因事曾入狱，后做了道士。五十岁左右专心于山水画，师法董、巨，作画用水墨和浅绛各种形式，多写虞山、富春山一带景色，画风简洁明朗，平淡浑厚。

吴镇（1280–1354），字仲圭，号梅花道人。由于不满元的统治，隐居终身，以卖画为生。他的山水画法师董、巨，又能把马、夏特长融为一体，独树一帜。画法上纯用水墨，湿笔直接皴擦，也用

来禽栀子图卷（局部）
元·钱选

渲染，显得淋漓厚重。

倪瓒（1301-1374），字元镇，号云林，是元末很富有的财主，在各地农民起义的情况下，他疏散家财，逃亡于太湖隐居。善于画水墨山水，亦善画竹石枯木，所画风景皆萧索幽淡，寂静无人，“逸笔草草，不求形似，聊以自娱”。在笔墨技巧上，用侧锋干笔皴擦，有如折带的山石皴法，丰富了山水画的表现技法。

王蒙（1298-1385）是赵孟頫的外孙，元末曾任小官，后隐居杭县黄鹤山，自号“黄鹤山樵”。他的山水画多画隐居生活，讲究笔法墨色，运笔写景富有层次变化，章法稠密，景色郁然深秀，并能画人物。

龚开（1221-1305）、王振鹏（生卒年不详）、任仁发（1254-1327）、王冕（1287-1359）、柯九思（1290-1343）、顾安（1289-1365）、张渥（？-约1356）、王绎（约1333-？）、朱德润（1294-1365）、唐棣（1296-1364）、盛懋（约1341-1368）、方从义（约1302-1393）、陈琳（生卒年不详）、

起居平安图
元·边鲁
纸本
118.5cm×49.6cm

溪凫图

元・陈琳　设色纸本 轴　25.4cm×36.1cm

台北故宫博物院藏

富春山居图卷（局部）

元・黄公望　纸本 设色 33cm×636.9cm

王渊（生卒年不详）等，都是元代极有成就的画家。王冕长于画梅；顾安、柯九思与李衎并称元代写竹三大家；任仁发善人物、花鸟，尤精于画马；王振鹏善画人物，尤擅界画；张渥画人物，尤以白描为最，用笔细密潇洒，被后人称为“铁线描”；王绎是著名肖像画家，且著有《写像秘诀》；盛懋画山水多写江边景色，并善于把人物活动与自然环境紧密结合起来；方从义是个道士，山水画泼辣飘洒，墨色浓重；陈琳、王渊则尤以花鸟画著称。他们大多继承了前代画家的笔法，并加以变化，自成一家。

元代画论有夏文彦的《图绘宝鉴》和汤垕的《画鉴》。

六、明代绘画

明代绘画，人物画数量较少，而山水花鸟画占画坛主流，文人士大夫绘画在其中占有突出地位。明初即恢复了南宋的画院组织，并在画风上追踪宋代院体。这种画风不仅在画院内部盛行，并波及到社会上的浙派。这二派宗师南宋的刘、李、马、夏，在明代初期占画坛的主要地位。到中期以后，以宗师“元四家”画风的吴派文人画，则占了画坛主要地位，并且影响到清代。值得一提的是，由于明代城市工商业的发达，画家多集中在城市，他们的作品可以作为商品在市场上自由买卖、流通，这就使得一些政治思想和艺术风格相近的画家结成为一些画派。

明初，宫廷绘画兴盛一时，花鸟画成就尤为突出，如宣德时的倪端、孙隆，成化、弘治年间的林良、吕纪。

边景昭（文进），永乐年间（1403–1424）被召入画院任待诏，博学能诗，擅绘艳丽工致的花果翎毛，画风师法北宋院体，双勾重彩，手法细腻。

孙隆（公元15世纪前期），宣德年间曾入内廷，官至侍御，后曾任新安知府。擅长花鸟、蔬果、草虫，自成一家，号称“没骨图”，是用不同色阶点染彩色，直接设色表现物象，使画面清新明快。

吕纪（1477–？），初学边景昭，后又临摹唐宋名画。他的画风主要是工整精丽的院体，也能绘水墨的兼工带写的花鸟画，画面丰富而有魄力，把马、夏在山水画中苍劲有力的画风及墨色的丰富变化等特征用到花鸟画的创作中去，工整中含有写意。

林良（约1416–1480）擅画花果、翎毛。

花卉图卷（部分）
明·陈淳　1539年作　水墨设色纸本 手卷　25.5cm×595.5cm

竹鹤图
明·边景昭

他的花鸟画取材广泛，在造型上仍然保持着工笔花鸟的准确性，而在画法上却用水墨没骨那种写意办法，偶尔也夹有几笔勾描以补没骨法的不足之处。

而画院外的戴进，以其浑壮雄厚之画开创“浙派”，成为明前期与宫廷绘画并誉画坛的画派，继起者有吴伟、张路等人。

戴进(约1388–1462)，长期生活于民间，以卖画为生。擅长画人物、山水，兼工花鸟，无所不能。画风学马、夏而又有所变化，画法严谨，用笔豪放。他画山水时水墨淋漓，使用斧劈皴。画人物用铁线描，并兼用兰叶描，并稍变兰叶描而创造了蚕头鼠尾，行笔有顿挫的描法，丰富了人物画水墨的

雪夜访戴图
明·戴进
立轴 141.5cm×81cm

表现技法。

吴伟（1459–1508），被称为“江夏派”首领，实是浙派之一支。擅长人物、山水，画法与戴进相似而在用笔上更加奔放并富有变化。

张路（1464–1538，或作1464–1537），其画作人物形象生动，山水狂纵、爽快。浙派画家还有李在、王谔、夏芷、杜堇、徐霖、郭诩、汪肇等。

明代中期，苏州吴门地区崛起沈周、文徵明，他们继承宋元文人画传统，最终

形成了声势浩大的“吴门画派”。同时驰名的还有唐寅、仇英，与沈周、文徵明并称为“吴门四家”。吴门后学文嘉、钱穀等在山水、花鸟画上亦各有建树。

沈周（1427–1509）出身于诗画及收藏世家，他一生不仕，致力于诗文书画，在绘画上从各方面摹习古人，追法董源、巨然、黄公望和吴镇等人，以笔墨变化出入于宋、元名家而享盛誉。一生多次漫游太湖、宜兴、杭州、南京、扬州、虞山一带，每到一处，必写景并赋诗以记事。花鸟画清新自然。山水画早年作小幅，精工细致。40岁后始作大幅，风格也转向粗放概括，日臻成熟。画法上善用粗笔，使中锋，圆润挺健，厚重凝练。晚年画风更加苍劲深沉，气势磅礴而又富浑朴天真、风韵潇洒的意境。

文徵明（1470–1559）是沈周的学生，一生从事诗、书、画活动。长于山水，兼工花卉、人物，风格上受赵孟頫影响很深，倾向于细密、秀丽，用笔瘦劲，刚柔相济，强调笔墨风韵。也有一部分情调萧疏幽淡、层层叠叠而不重纵深关系的布局等，是来自黄公望、王蒙和倪瓒的画法。水墨花卉技法熟练，较多运用“勾花点叶”方法。

唐寅（1470–1523）文才出众，29岁在南京乡试中解元，30岁又赴京会试，因“鬻题受贿”案牵连下狱，后虽被释放而绝望仕途，遍游浙江、福建、江西、湖南诸省的名山大川，回家后专心文艺创作。他的诗、曲、画皆很有造诣，尤以画最著名。

虎丘送图轴
明·沈周
纸本 设色
173.3cm×64.2cm

王蜀宫妓图轴
明·唐寅
纸本 设色
124.7cm×63.8cm

他在绘画上，虽与文徵明并称为沈周的学生，其实主要是从学于院体画名家周臣。他既有李唐画派的沉郁雄健、豪迈奇峭的优点，又渗有元人秀雅清润的作风，自成缜密、秀润、清丽、柔雅的独特风格。

仇英（约 1509–1551）与唐寅画风不同，在李、刘之外兼工赵伯驹的青绿山水；而仕女人物、鸟兽、建筑等完全追摹唐、宋宫廷画家的工笔重彩画法；尤擅长于临摹古画，功力很深，达到乱真。善于把人物活动与山水风景结合起来，取材广泛，有很多是历史故事画。在风格上，工整细丽又富于装饰风格，把工笔重彩发展到完美地步，达到雅俗共赏的艺术效果。

明代后期山水画派系繁多，有以蓝瑛为代表的武林派、以董其昌为代表的松江派、以项圣谟为代表的嘉兴派等。

蓝瑛（1585–1666），擅山水、人物，画风接近浙派，被认为浙派的殿军。早年临摹唐、宋、元诸家，风格秀润；晚年接近黄公望风格，笔力苍劲。

董其昌（1556–1636）山水画师法董、巨、米、黄等人，以书法入画，颇有功力，风格秀润苍郁。陈继儒（1558–1639）与董其昌同乡，同为“华亭派”之首。作画时涉笔草草，但能达到苍老秀逸的艺术效果。董、陈与莫是龙等提出了中国山水画的“南北宗”之说。

明代人物画整体处于式微状态，至晚明才稍有起色，丁云鹏、吴彬的道释画，陈洪绶、崔子忠的变形人物最富特色。

丁云鹏（1547–1628）精于白描，风格工整细致。道释人物师吴道子，白描酷似李公麟，很有功力，着重人物神情的刻画。

曾鲸（1568–1650）是位肖像画家，善于吸收西洋明暗画法，使人物肖像“写照如镜取影，妙得神情”，“一经传写，妍媸惟肖”，栩栩如生。

崔子忠（？ –1644）画风追法唐宋，描绘细致，着色清丽，并善于把人物与山水风景融为一体。

陈洪绶（1598–1652）曾奉召入宫临摹《历代帝王图像》，有机会看到许多皇家藏画，使技艺得到更大提高。明亡后，他不与清统治者合作，靠卖画为生。擅长人物花卉，人物画表现出强烈的个性，追求有特殊表现力的形式，多采用夸张变形，也有少数作品反映了变态心理，是他矛盾、痛苦心理的产物。

陈淳（1482–1544）、徐渭（1521–1593）、陆治（1496–1576）、周之冕（1521–？）等，在画坛也极有影响。陈淳（白阳）擅长花鸟并多为小品，画面一花半叶，清新洒脱，笔意粗中有细，墨色浓淡相宜，气势奔放而又富于清雅秀媚之趣；徐渭（青藤）在艺术风格上

芳树遥峰图
明·董其昌
纸本 轴
48.6cm×27.8cm

不拘成法，大胆突破，泼墨淋漓，气势狂放，随意点染而又不失形象的真实，作者坎坷的经历与愤懑给花鸟画的思想内容和表现形式增添了新的因素；陆治长于勾勒写生花鸟，工致秀丽而富有生意，师法宋人而趋向淡雅清和；周之冕创“钩花点叶”，以所谓“兼工带写”的方法，为花鸟画开辟了一条新路。

明代画论有朱谋垔的《画史会要》、韩昂的《图绘宝鉴续编》。

七、清代绘画

清代画坛异彩纷呈，流派众多。清初，主要流派有由“四王”统领的“娄东派”，以龚贤为首的“金陵八家”，弘仁的“新安画派”和罗牧的“江西画派”等。当时，与“四王”有着特殊关系的吴历、恽格在山水画方面也有相当的地位，他们与“四王”又合称为“四王吴恽”。

“四王吴恽”大都讲究笔墨，提倡摹古，画风苍润古拙，功力极深，是能诗善画、构图严谨、气韵高雅的文人士大夫画法。他们的画风影响了整个清代画坛。王时敏（1592—1680）曾师董其昌，远追黄公望、倪瓒，作品墨法精微，气韵苍润。其“画不在形似，而在笔墨之妙”，开清初摹古先河。代表作品有《夏山图》、《溪山楼观图》等。

王鉴（1598-1677）师法董源、巨然及元四家，用笔秀丽，滋润醇厚、气韵苍莽。代表作品有《长松仙馆图》、《云壑松阴图》等。

仿巨然山水图轴
清・王翚
设色绢本　81cm×51cm

王翚（1632–1717），字石谷，号耕烟散人。初为王鉴弟子，后师王时敏。其画功力深厚，严谨苍浑，长于青绿设色，明洁秀丽，主张“用笔用墨间奇取造化生气”。代表作品有《溪山红树图》、《石泉试茗图》等。

王原祁（1642–1715)，王时敏孙，擅画山水，自幼受祖父指点，远师黄公望，自谓笔端有“金刚杵”，长于枯笔焦墨，层层皴擦，自成面目。代表作品有《云山无尽图》、《云山图》等。

吴历（1632–1718），山水师王时敏、王鉴，自成一格，喜用焦墨干笔，画风酣畅淋漓，苍劲浑厚。代表作品有《柳树秋思图》、《夏山雨霁图》等。

恽格（1633–1690），字寿平，号南田。善以没骨画法自成一体，寓色于笔，明丽清润，淡雅疏秀，山水空灵简远。代表作品有《山居》、《豆架草虫图》等。

“四王”之后又有“小四王”和“后四王”。“小四王”是王愫、王玖、王昱、王宸。

王愫（生卒年不详），王时敏曾孙，得家法，山水画用干笔皴擦，得元人法，极少渲染。

王玖（生卒年不详），是王翚曾孙，山水承家学，多临古画，善用枯笔，苔点层叠，笔力圆健。

王昱（生卒年不详），王原祁族弟，师王原祁，长于山水，工书，古拙中有秀润气。后师倪瓒、方从义法。

王宸（1720–1797），王原祁曾孙，

仿倪黄山水

清・王原祁

设色绢本 立轴

乙未年（1715）作

钤印：王原祁印、麓台、御书画图留与人看、西庐后人。

题识：书无尽笔，意到则止，诸家皆然。仿倪黄则纯任天趣，尤不可有丝毫做作也。余侍直内庭，偶作此稿，置之案头。甲午冬，及门汉三适从楚来，问字于余。相与讲论六法，颇能会意，喜而与之。今春偶暇，点染成之。正欲题识，汉三请以移赠孚嘉年亲台。余闻孚兄为风雅宗盟，即酷爱拙笔，归之自必得所，特寄政焉。时乙未立夏前一日。娄东王原祁，年七十有四。

承家学及“元四家”。

“后四王”是王廷元（字赞明，王玖长子）、王廷周（字州元，王玖次子）、王三锡（字邦怀，王昱侄）、王鸣韶（原名廷谔，字夔律）。

“金陵八家”绘画大都不受摹古之风的影响，能从实际生活和大自然中得到启示，作品写实性很强，他们多以卖画为生，又经常雅集，以诗文相赠。这八人是：

龚贤（1618–1689），字半千，号半亩，又号紫丈人，师董源、二米，画法苍劲深厚、沉雄郁茂，风格突出。

樊圻（1616–？），字会公，江苏南京人，工诗善画，作品笔墨苍秀，意境清新。

谢荪（生卒年不详），号大令，南京人，擅画山水花卉，线条工而不板，用色浓丽而不滞涩。

高岑（1621–1691），字蔚生，浙江杭州人，擅山水，用笔超厚重，花卉淡逸。

邹喆（生卒年不详），字方鲁，江苏吴县人，工书善画，长于山水、花卉、古松，画风简淡超逸。

吴宏（1615–1680），字远度。江西金溪人，擅长山水、竹石，构图精巧，笔墨奔放。

叶欣（生卒年不详），字荣木，上海松江人，工书善画，常作孤城野渡，幽淡韵雅。

仿大痴山水

清·王宸

己亥年（1779）作 立轴

67.8cm×21.3cm

胡糙（生卒年不详），字石公，江苏江宁人，工诗善画，山水、人物、菊花极精妙，作品洗尽铅华。

除“四王吴恽”之外，清代初期的画坛还有一批成就独特的遗民画家群，他们在艺术上都具有强烈的个性与精神追求，与“四王”画风迥异。最著名的有“四僧”——朱耷（八大山人）、石涛、石谿、弘仁，对以后的“扬州八怪”、近代的吴昌硕、齐白石等一代名家画风的形成均有很大的影响。此外，还有一些有成就的遗民画家，如梅清（1623-1697）、傅山（1607—1684）、项圣谟（1596- 1658）等。

八大山人(1624或1626- 1705)，字雪个、个山，俗名朱耷，江西南昌人。入清后出家。善画山水、花鸟、竹木，以简略见长，独立新奇，精练含蓄。

石涛（1641- 约1718），原姓朱，名若极，出家后名元济，自称苦瓜和尚，广西全州人，以山水、人物、兰竹、花果见长，笔沉墨稳，无不精妙。为明末清初改革派大家。代表作品有《庐山游览图》、《黄山八胜册》。

弘仁（1610-1664），俗姓江，名韬，字六奇，安徽歙县人。入清后出家。工诗文，善山水，作品笔墨秀逸，风神洒落，布局奇兀，远景缥缈。代表作品有《黄海松石清溪雨霁》。

髡残（1612-1692），俗姓刘，字石谿，又字介丘，号白秃，自称残道人，湖南常德人。擅画山水，作品苍润高古，奥境奇辟，干笔皴擦，随意点染，真抒胸臆。与石涛合称为“二石”。代表作品有《层岩叠壑图》、《仙源图》等。

秋山图轴
清・朱耷
纸本 水墨
182.8cm×49.3cm

以朱耷和石涛为代表的革新画风，在对清廷不满的文人士大夫画家中得到了继续发扬。特别是在扬州一带，交通发达、商业繁荣，集聚了各地的很多优秀画家，形成“扬州画派”。他们多是久居扬州，专以卖画为生的一些政治态度和艺术主张有共同趋向的画家。主要画家有李鱓、郑燮、李方膺、金农、汪士慎、高翔、黄慎、罗聘、华嵒、高凤翰、边寿民等。

李鱓(约1686–1762)花鸟画虽出自“正统派”的画风，但又能自立门户，在艺术形象上比徐渭来得真实、严谨，而在画笔运用上又远比蒋廷锡生动活泼。

郑燮（1693–1765），他的兰、竹，最为世人称道。枝叶密而不乱，少而不单调，明快爽朗，简练含蓄，一种清劲秀逸的风韵脱纸而出。

华嵒（1682–约1768）长于花鸟，善于表现小动物。在画风上既不纤巧工致，又不是粗狂冷僻，而是俊逸清新、朴素自然。

黄慎（1687–约1768）画路较宽，尤长于人物，初师上官周画工笔人物，后改变画风，粗豪奔放，纵横自如，富于传神。

金农（1687–1764）将书法入画，风格稚拙古朴。对佛像人物有一定造诣，长于画梅、竹，常用梅、竹比喻自己，象征高洁和倔强。

罗聘（1733–1799）也画佛像，并擅长梅、兰、竹等题材。他还画《鬼趣图》，借以讽刺社会黑暗。

汪士慎（约1688–1759）以画梅著称，借画梅吐出难言的苦衷。

桃花鸳鸯图轴
清・华嵒
纸本 设色
128.3cm×562.6cm

高翔（1688–1754）也是以画梅闻名，受石涛影响很深。他画的梅傲寒香冷。

李方膺（1695–1754）也善于画梅、竹。作品有《兰竹图卷》、《风雨钟馗图》等。

高凤翰（1683–1748）善写花卉，亦能画山水，曾任县令，晚年丢官，因右臂

麻木病疾而改用左手作画。

边寿民（1671–1750）善画花卉翎毛，尤以泼墨画雁著名，能画雁之飞鸣、游泳诸神态，生动自然。

清代宫廷画家，前期有焦秉贞（约（1671–1726）、冷枚（约 1696–1742？）和唐岱（约 1673–1752）。焦秉贞擅画山水、人物，尤工人物，画风受西洋绘画影响，曾应召绘《耕织图》46 幅，为皇帝赞许，并命镂版赐诸大臣。冷枚是焦的学生，兼工人物、界画，尤善仕女人物。唐岱是王原祁的弟子，善山水，受到康熙钦赐“画状元”。

清代中期宫廷画家有：丁观鹏，擅长佛像人物，画法工细，用色艳丽，作品多摹古，但有变异；姚文瀚，冷枚的弟子，工人物道释；金廷标，乾隆南巡时曾献《白描罗汉册》被乾隆赏识，召入宫廷，工人物花卉，画法不尚工致，兼工带写；徐扬，工山水人物，在乾隆南巡时曾献画，被赏识召入宫廷；董邦达，擅山水，曾受命绘《雪山图》；钱维城，善山水，笔意很似王原祁，花卉受恽格影响。

清前期还有肖像画家禹之鼎（1647–

芦雁

清・李鱓

乾隆七年（1742）作 设色纸本 立轴

钤印：李鱓、宗杨

李鱓是清代“扬州画派”的重要画家。他从石涛笔法中得到启发，以破笔泼墨作画，形成自己任意挥洒的独特风格，加上参差错落的书法，使画面十分丰富，其作品对晚清花鸟画有较大的影响。《芦雁》立轴很好地诠释了李鱓所独有的经典画风，两只芦雁和几杆苇叶，以空灵的意境将动静之别统一起来，那标志性的长题一气呵成，真是痛快。

1709），画界画、青绿山水的佼佼者袁江（约 1662–1735）及来华的西洋画家郎世宁（1688–1766) 等。

清中期绘画，在山水画方面，除“小四王”、“后四王”外，尤以黄鼎（1660–1730）、方薰（1736–1799）、奚冈（1746–1803）三人较有特点。黄师法王原祁，但因他游历各地，有较多直接感受，章法上富于变化，风格苍劲、沉着。方画结构精致，用笔洒脱。奚与方齐名，时称浙西二高士，均厌弃官场，其画用笔豪放、淋漓潇洒，亦能自成一格。在花鸟画方面，追随恽格一派画风的，主要有蒋廷锡（1669–1732）、邹一桂（1682–1772），以及精于界画的袁江、袁耀，著名人物画家改琦、费丹旭，创造指墨画的高其佩等。

八、近现代绘画

1840 年鸦片战争以后的近现代中国画坛，有影响的画派有“岭南画派”、“海上画派”和“京津画派”等。

岭南画派

岭南画派是指在辛亥革命前后出现的以高剑父、高奇峰、陈树人三人为首的画派。他们受民主革命思想的影响，主张国画更新，反对清末民初画坛的摹仿守旧，提倡“折衷中外，融合古今”。因为他们都是广东人，所以这一画派被称为“岭南画派”。岭南传人有黄少强（1901–1942）、方人定（1901–973）、赵少昂（1905–1998）、黎雄才（1910–2001）、关山月（1912–2000）、杨善深（1913–2004）等。

海上画派

海派绘画上承明清绘画的余绪，下开20 世纪中国画的新格局，是中国近现代绘画史的转折点。海派绘画将传统文人画主要用以抒发个人感情的形式与民间需要的艳丽色彩相结合，变个人写意情趣为市场所需的重彩写意。真正意义的“海派”应从赵之谦（1829–1884）始，他虽是“寓贤”，但对“海派”的形成起到极大作用。“海派”中有两大流派：一是陈洪绶派，即任熊（1823–1857）、任薰（1835–1893）、任颐（1840–1896）等人；一是“金石派”，即受“扬州八怪”影响的赵之谦、吴昌硕等人。

早期海派画家还有朱熊（1801–1864）、张熊（1803–1886）、周闲（1820–1875）、蒲华（1839–1911）、胡公寿（1823–1886）等。后期有王一亭（1867–1938）、“三吴一冯”

明月灵猴图（真迹）
高剑父
设色纸本 立轴 83cm×192cm

秋阶晓露
刘奎龄 己巳年（1929）作
设色绢本 立轴 100cm×52.5cm
钤印：奎龄、耀宸

（吴徵、吴湖帆、吴华源、冯超然）、吴石仙（1845–1916）、黄山寿（1855–1919）、程璋（1869–1938）、赵叔孺（1874–1945）、贺天健（1891–1977）、朱屺瞻（1892–1996）、丰子恺（1898–1975）、关良（1900–1986）。

京津画派

京津画派是20世纪初以北平中国画学研究会和湖社成员为中心形成的京津地区画家群，以精研古法博采新知为宗旨，上追宋元、融合南北，传承古代优秀绘画传统，对推动中国画发展产生了深远影响。其特点与海上画派大致相同，没有统一的艺术模式，创作自由，但其影响不如海上画派。他们是民初画坛最强的国粹力量。天津画坛受商品化的影响而日益活跃，各地画家纷纷赴津鬻画，提供了天津与外埠的艺术交流，也打破了恽派、娄东派一统天下的局面，一时间流派纷呈，风貌多姿多彩。京津画派的代表人物有金城（1876-1926）、陈师曾（1876-1923）、萧俊贤（1865-1949）、姚华（1876-1930）、陈半丁（1877-1970）、汤定之（1878-1948）、萧悫（1883-1944）、王梦白（1888-1934）、于非闇（1889- 1959）、徐燕荪（1898-1961）、张兆祥（1852-1908）、刘奎龄（1885-1967）、陈少梅（1909-1954）等。

近代以来，画家们不仅创作了数量庞大的绘画作品，而且形成了独特的时代艺术风格。近现代绘画与以往各历史时期绘画相比，大体有四个特点：

其一，雅俗共赏。随着清王朝的衰落和灭亡，画家市民化、职业化，作品商品化成为不可逆转的潮流。故而他们的创作出现从俗倾向，即要符合普通市民的审美要求。题材内容多是寻常老百姓喜闻乐见的，甚至萝卜、白菜、水果画大量涌现，占据了画坛的主要位置。如上海的虚谷、任颐。

虚谷（1823-1896）为僧人，俗姓朱，名怀仁，安徽歙县人。曾为清军参将，后出家为僧。名虚白，字虚谷，号倦鹤、紫阳山民。往来于上海、苏州和扬州一带，以卖画为业。早年学界画及人物肖像，后以擅作花鸟、蔬果、鱼禽和山水驰名，多用干笔侧锋，喜以淡彩敷之。尤善以破笔作松鼠、金鱼等，率意为之，颇有奇趣。风格隽逸清健，开一代新风。

任颐（1840-1896）初名润，字小楼，后改字伯年，号次远、小楼，别号山阴道人、山阴道人行者。浙江山阴（今绍兴）人。曾从任熊、任薰学画。1868 年后寓

人物　任颐

松鼠金鱼　虚谷

居上海。人物继承了“传神写照”的传统，宗法陈洪绶，上追唐寅、梁楷、李公麟、吴道子、顾恺之等。他的肖像画在表现手法上吸收西画优点，注意人物解剖关系和立体感。他的花鸟画构图出奇制胜，富有音乐节奏感。重视写生，吸收水彩画的用水特长，勾勒、点簇、泼墨交替互用，空间感颇强，清新秀雅，是对近代有重要影响的画家之一。

其二，中西合璧画成为时尚。随着对外交流的扩大，西方文化的传入冲击了中国画坛、艺坛。他们把西画中运用的人体解剖学原理、散点透视法、写实主义融入中国画，形成中西合璧的新画风。代表画家有徐悲鸿、林风眠以及他们的后学者。

徐悲鸿（1895–1953），江苏宜兴人。少年有才，曾在乡村学校任教。后去上海，结识高奇峰。1914 年入震旦大学习画，1917 年留学日本。1919 年赴法留学，师事达仰，后入巴黎国立美校。1927 年回国后，在中央大学艺术系任教。并多次赴海外举办画展。抗战开始后投身民主运动。新中国成立后，历任中央美术学院院长、中国美术工作者协会主席等职。兼长油画、国画，作画主张“尽广大，致精微”。所作中国画，题材广泛，尤以画马闻名。于美术教育贡献尤大，桃李遍天下。传世作品甚多。中国画代表作有《九方皋》、《愚公移山》、《漓江春雨》、《泰戈尔像》、《奔马》等。作品现多存于北京徐悲鸿纪念馆。

林风眠（1900–1991），广东梅县人。1918 年留学法国、德国学习绘画。回国后任国立北平艺术专科学校校长。后创办国立杭州艺术学院，任校长及教授，致力于中西融合的试验。20 世纪 50 年代，其绘画风格走向成熟。他的花鸟、风景、人物、静物都兼中国情致而又自创新格。居上海后，常追寻故乡梅县和杭州西湖风景，有时以色彩为主，有时以水墨为主，有时色墨兼用，喜以光色尤其逆光表现时间。作品重意境创作，时而悠远，时而静谧，时而深婉，时而热烈，时而苍茫迷离。

其三，碑学盛行，以金石、魏碑的笔法入画成为主旋律，形成沉雄古茂、气势磅礴，具有阳刚之美的中国画。代表画家有吴昌硕、齐白石及其门人等。

吴昌硕（1844–1927），初名俊，后改俊卿，字昌硕，一作仓石，号缶庐、苦铁、破荷、老缶、大聋，七十以后以字行。浙江安吉人。清末诸生，曾任一月安东县令。1911年后寓居上海。书法以石鼓文为擅长，古朴雄劲，独辟蹊径。篆刻初从浙、皖诸家入手，上溯秦、汉印玺，尽脱浙派窠臼，最终自成一家，被推为“海上题襟馆金石书画会”副会长，“西泠印社”社长。而立之年始习画，博采徐渭、朱耷、石涛、李方膺、张桂岩、赵之谦等诸人所长，并以篆籀、狂草笔意入画，色酣墨饱，气盛笔辣，笔力遒劲凝重，画有金石之气。水墨浑融，色彩浓丽，布局尚气势，创阔笔写意新画新风格。

东篱佳色
吴昌硕
设色纸本 立轴
戊午年 (1918) 作
钤印：雄甲辰、吴俊之印、吴昌石

吴昌硕是中国近代画坛承前启后、具有开创性业绩的一位艺术大师，又是继赵之谦、任伯年、虚谷诸家之后的“海派”大家，“后海派”领袖。《东篱佳色》立轴取对角式构图，以巨石为中轴，篱笆、菊花、矮石于其左右铺陈开来，左上和右下的留白处分别辅以长题和钤印，画面整饬端严。山石、菊花、篱笆以篆书写出，无饰勾勒，笔墨圆厚饱满，赋色古厚朴茂，金石气十足。行书长题取纵长体势，左低右高，中锋运笔，线条坚韧挺拔。全图斑驳浑厚，大气磅礴，堪称以书作画的代表作。

齐白石（1864–1957），原名纯芝，字渭青，后改名璜，字濒生，别号借山吟馆主者、寄萍老人、齐大、木居士、三百石印富翁等。湖南湘潭人。家本贫农，12岁学木工，成名后自称“鲁班门下”。27岁时学书画，习诗文，刻印章。中年时多次出游南北，57岁后寓居北京。常与陈师曾切磋画艺。推崇徐渭、朱耷、石涛及吴昌硕诸家。60岁后“衰年变法”，画风大变，自成一家。山水、花鸟、人物皆能，写意、工笔兼善，尤以画花鸟、虾蟹闻名。其大写意花鸟，笔墨纵横雄健，造型简练质朴，神态活泼，色彩鲜明强烈，并善于把工细草虫与写意花卉结合；山水、人物皆执笔涂抹，不入常格。作画主张“妙在似与不似之间”；书法及篆刻成就亦高。新中国成立后，他历任中国文联主席团成员、中国美协主席等职，并于1956年获1955年度国际和平奖。传世画很多，国内外各大博物馆都藏有其画作，影响很大。

其四，师法传统，又吸收民间艺术的营养，变革创新，形成清新、活泼、秀雅、精湛、恬美的艺术风格，代表画家有溥儒、张大千、傅抱石等。

溥儒（1896–1963），字心畬，号西山逸士。河北宛平人。清宗室，自幼学习诗文、书画。始习南宗，后习北宗，兼得南北宗之长，气骨峻厚，明秀雅逸，时有“南张北溥”之说，名噪当时，擅人物、山水、花鸟、鞍马、翎毛。结构严谨，自成面貌。

奔马图轴（真迹）
徐悲鸿
纸本水墨 130cm×76cm

张大千（1899–1983），名权，后改作爰，号大千。生于四川省内江县。幼年习画，毕生创作了大量的绘画作品，“包众体之长，兼南北二宗之富丽”，集文人画与作家画、宫廷艺术与民间艺术于一炉，境界高绝。其创作分为古典作风期、转为期和高峰期三个时期。60岁前集中精力临摹学习古人技法直至敦煌壁画，风格从近似石涛、朱耷而渐变为晋唐宋元风范。60–70岁融“泼彩”于“泼墨”，创造了新的风貌。70岁后进入创作巅峰期，以

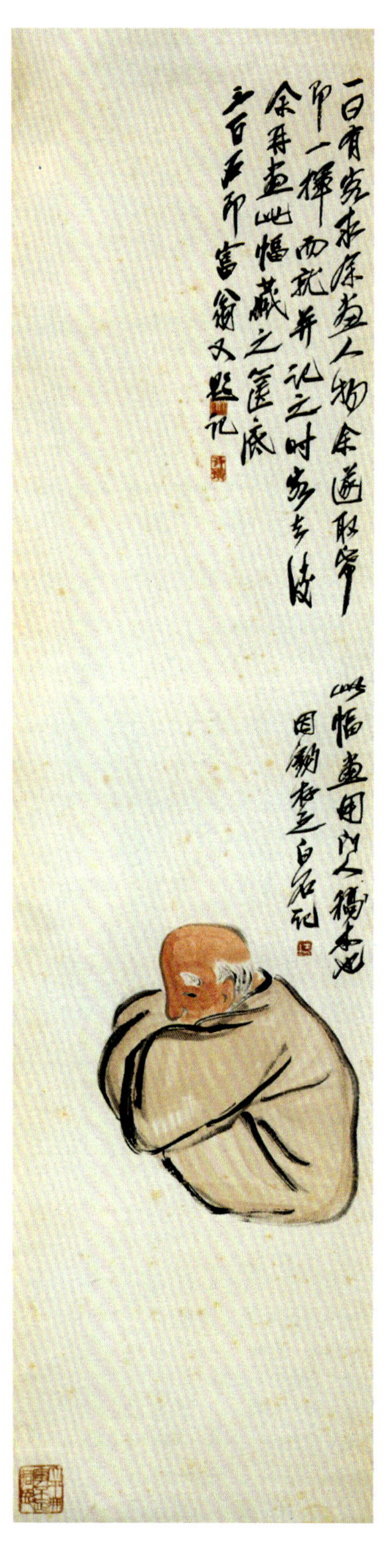

个性鲜明的"泼彩"画法将其艺术从古典画风引导向现代画风，成为中国画革新大家。

黄宾虹（1865–1955），初名懋质，应试时更名质，字朴存，号滨虹，后改为宾虹，中年后以字行。别署予向、虹若、虹庐、红叟、黄山山中人等。原籍安徽歙县，出生于浙江金华。黄宾虹擅长山水画创作，60 岁以后师古人为主，60–70 岁以师造化为主，70 岁后自立面目。他师古人从明入手，直追北宋，回归元人，师其意不师其迹。师造化以黄山为基点向四周拓展，看山看入骨髓，摄情景于笔端。他的山水因写景抒情和笔墨章法的不同呈现多种面貌，但总体风格深厚华滋，意境郁勃跌宕。晚年作品更呈现出前无古人的面貌。偶作花鸟画，风格雅健清逸。他的绘画在现代绘画发展中有承前启后、继往开来的意义。

傅抱石（1904–1965），江西新喻（今新余）人。工书善画，能诗文。所画人物极能传神，尤长于山水，他的绘画于传统绘画技法的基础上摄取新法，别开生面，形成独特风格。其代表作品有《兰亭图》、《丽人行》、《九歌图·湘夫人》、《江南春》、《林海雪原图》等。

人物

齐白石
设色纸本 立轴
钤印：齐大、齐璜、木居士
题识：白石记；三百石印富翁又题记
133cm×33cm

九、新中国成立后的中国画坛

1949年新中国成立，百废待兴，绘画也引起了各界人士的重视，有条件的地方成立了国画院，将生活不安定靠卖画为生的老画家安排到画院成为专业画家。艺术院校也纷纷成立，各省市成立了美术家协会，并筹备全国美术展览和省市美展，许多从晚清和民国时期过来的老艺术家继续作画。山水画在面向大自然的口号下受益明显。一些画家直接对景写生，为山水画的兴盛打下良好基础。人物画家为突出工农大众的精神面貌，大胆地将西洋画人物手法与传统人物画相结合，创造出许多新技法。许多人物画家到社会生活中汲取营养，从实践中摸索人物写生与西画结合的优势，表现现代人物的内心世界，促使现代人物画技法的提高。花鸟画大都展现出欣欣向荣的意境。北京的齐白石及其弟子李苦禅、卢光照、许麟庐等大写意花鸟画家和于非闇、田世光等工笔画家；天津的刘奎龄、刘继卣；南京的陈之佛；浙江的潘天寿、唐云；上海的张大壮等，他们都是在花鸟画创新画法中具有特色的画家，大都经历了民国时期社会的动荡，新中国成立后在生计无忧、心情轻松的情况下创作出许多生机勃勃的花鸟画作品。

由于政治和艺术主导思想方面的原因，新中国的画坛既有成就也有不足，既有辉煌也有挫折。根据一些专家的意见，中华人民共和国成立以后几十年的中国画发展大体可分三个阶段：

第一个阶段是20世纪50年代至60年代。在当时的政治背景下，中国画的创作片面强调为无产阶级政治服务，为工农兵服务，甚至为配合政策宣传服务。反映在人物画方面，传统的题材几乎绝迹。即使有，也以对封建制度具有某种批判性的内容为主。描写工农兵现实生活的题材则大量出现。反映在山水画方面，从在传统山水格局中添加汽车、电架、轮船、水库、红旗到直接描绘革命圣地或工农兵改天换地生活情景的创作大量出现。反映在花鸟画方面，诸如刘海粟的《红梅图》、《葵花朵朵向太阳》、《粮棉大丰收》、《蔬果大丰收》等具有鲜明政治色彩的题材盛行一时。如上所述的主题内容，就“意境”而论，歌功颂德是一种主体的情调，传统中国画萧条寂寞、平淡天真的“自娱”、“畅神”、“写胸中逸气”的思想，则被作为没落阶级的观念而受到批判。因此，回到技法形式来看，为了达到为“内容”服务的目的，章法要求饱满热烈，造型要求美化写实。用笔、用墨、用色要求认真、严肃，放逸的、粗野的等有悖于“欣欣向荣”、“蒸蒸日上”主题匹配的风格均在被摒弃之列，为工农兵所难辨认的“粗黑乱怪”更成为人人喊打的过街老鼠。这一时期，游离政治、游离于火热生活之外的中国画家也不是没有。如林风眠、吴湖帆、刘海粟、关良、陆俨少等，他们中有些是被逼迫的，有些是自觉的。无论被逼迫还是自觉，这种游离，使他们有可能沉潜于纯粹的艺术心境之中，或在中西融合方面，或在纯正传统方面，对当代中国画的发展进行更有价值的探索和尝试，取得了在当时虽默默无闻，但在艺术史上却不可磨灭的卓越成就。

第二阶段是20世纪70年代。由于“文化大革命”的狂飚突起，中国画艺术在60年代末受到无情打击，许多老画家在这一阶段受到致命的打击甚至含冤去世。但由于写大字报、出大批判专栏等活动，涌现出一大批真正有志于中国画艺术的工农兵青年，又借老一辈著名画家被冲击、冷落之机，与之结缘交往，相处甚洽。这一阶段的中国画创作，呈现出两极分化的现象：一方面，作为政治宣传的工具，“红”、“光”、“亮”，“高”、“大”、“全”，其战斗性、革命性之强烈，甚于第二阶段，但艺术上无复可观。另一方面，由于极端的政治政策，传统的“自娱”、“写胸中逸气”的绘画观念得以复兴，从而使艺术的风格变得相当多彩活跃。

第三阶段在20世纪80年代以后。“文革”结束，特别是改革开放以来，饱受摧残的中国画坛恢复生机活力，并以势不可当的力量把中国大地上的绘画艺术的学习

烟波浩荡无际

李苦禅

设色纸本 镜心 95cm×180cm

红梅图
刘海粟

和收藏热潮炒得热火朝天。各拍卖公司把中国画的价格炒到连画家本人都不敢相信的地步，随之而来的是学画者沉不住气了，急功近利地想把自己推向市场；字画商人也使出各种手段，模仿各路名家以赚取更多的暴利。

“然而，在中国画突趋兴旺发达的形势下，无论老字号还是中青辈，鱼目混珠的现象也是十分严重的。开口闭口‘传统’的，于传统其实不着边际，张口脱口‘创新’的，于创新其实也茫然无知；再加上到处的‘笔会’、‘表演’，到处的‘中国画速成班’，到处的‘中国画院’……这一切，对外行人完全是一种欺骗，在内行人大家心照不宣，其对于中国画名声的败坏，终于导致了爆发的一天。”

“总的来看80年代以后是当代中国画观念发生根本性变化的‘革命’阶段。政治羁绊的解脱，封闭体系的打破，使得创作呈现出多样化、多元化的多彩特点，但毕竟还处于探索的阶段，不能认为已经十分成熟。”（徐建融《当代书画鉴定与艺术市场》）

也有人推断，随着改革开放的深入，中国绘画艺术又开始以快节奏步入一个新的发展阶段，一个群雄逐鹿的新时代已经到来。

当代画坛最具影响力的画家，除了齐白石、黄宾虹、林风眠、徐悲鸿、傅抱石外，还有如下几人。

朱屺瞻，原名增钧，后改名屺瞻，号起哉，江苏太仓人，擅长山水、花卉，间作人物。

刘海粟（1896–1994），原名槃，字季芳，江苏常州人，擅长油画、中国画，中国画则以山水、花鸟、走兽最为拿手，亦能书法，工大篆、行草。

潘天寿（1897–1971），原名天授，字大颐，号寿者，别号有雷婆头峰寿者等，浙江宁海人。擅长花鸟画，偶作山水、人物。

云山春霭
吴湖帆
设色纸本 立轴
105cm×47cm

李可染（1907–1989），江苏徐州人，擅画山水、人物画。

陆俨少（1907–1993），字宛若，上海嘉定人，擅画山水，兼作花卉。

石鲁（1919–1982），原名冯亚珩，1940年后因崇拜石涛和鲁迅，易名石鲁，四川仁

华岳剑门同一脉
石鲁
设色纸本
138cm×68.5cm

明湖烟雨
潘天寿
1964 年作
设色纸本 立轴

寿人。“长安画派”的典型代表，擅长人物、山水、花鸟画。

吴冠中（1919–2010），字荼，江苏宜兴人，擅长油画、水彩。中国画以山水为专攻，兼作人体、花鸟。

程十发（1921–2007），名潼，上海松江人，书法四体皆工，绘画擅长人物、走兽、花鸟、山水。

范曾（1938–），江苏南通人，擅画人物。

以地区而言，新中国成立以来，海上画派、岭南画派、京津画派的余绪依然存在，同时又有几个新的画派称雄于画坛。

一是“新浙派”。1928 年，国立艺术院（后改名为浙江美院）成立于西湖之滨，此后的 65 年，杭州作为另一个画坛中心而日趋隆盛。江南绘画中心出现了由上海向南移的局面，于是形成了新浙派。潘天寿无疑是该派的领袖。潘之外，还有陆俨少等。

二是“新金陵派”。1949 年后，聚居在南京地区的一批画家，主张“笔墨当随时代”。他们深入生活，描绘江苏山水，形成了苍秀野茫、刚柔相济，甚至粗犷的画风，被称为“江苏画派”或“新金陵画派”。该派是地区风格最为鲜明的画派之一，尤其以山水画的成就最高，代表画家首推傅抱石，此外还有吕凤子、钱松嵒、亚明、宋文治等。

三是“长安画派”。西安是中国西北的文化中心，抗日战争后许多优秀画家陆续集中在这里。五六十年代，何海霞、石鲁、李梓盛等又陆续来到西安，遂形成了“长安画派”。主要成员还有赵望云、康师尧、方济众等。他们以纯朴刚健有力的笔墨，创出了具有时代气息的气势磅礴的画面，不仅拥有自己独特的艺术个性，而且具有强烈的地方特色。

定军山下新战场
何海霞
1958 年作
设色纸本 镜心　96cm×170cm

蜀山春雨图轴
李可染
纸本 设色
70cm×46cm

第二章 中国画作伪的历史和手段

名人绘画中，以假充真的例子举不胜举。近人赵汝珍说：『书画之作伪由来甚久，为之精者每有混珠之可能，今世所存古玩十九皆鱼目也，鉴别者若不深悉其作伪之内蕴而徒事作品之判别，鲜有不受其欺骗者。』此话出自赵汝珍在一九四〇年初所著的《古玩指南》一书，如今已过去了七十年。那时尚且如此，何况今日？所谓『赝品猛于虎』，收藏和投资中国画，熟知中国画的作伪历史和作伪手段至关重要。

一、宋代绘画的作伪

中国画的作伪可以上溯到南北朝时期。隋唐以降，以复制品或伪造冒充真迹的已是屡见不鲜，至宋代达到高潮。郭传火先生在《书画小品收藏与鉴赏》一书中说："在我国历史上曾有三次假书画泛滥期，每次都有其历史背景。第一次是在宋代，当时有一股'复古风'，在书画界出现儿子仿老子，后辈仿前辈，今人仿古人，一时间假书画泛滥成灾。第二次是清末民初，由于外国列强掠夺我国的文物和艺术品，国人不得不仿制一些赝品。新中国成立后至'文革'期间，艺术品贬值，也就没有了假书画。20世纪80年代至今，出现了第三次假书画浪潮，拍卖市场的建立及古玩、旧货摊的普及，更加速了它的蔓延。"历史上的书画作伪，或说有三次泛滥，或说四次及至五次，不过说宋代是第一次，确是无可争辩。

绘画伪作与市场需要有直接关系，可以说，越是绘画创作活跃和世人争相购求的年代，越是容易出现赝品。宋代绘画作伪，主要还是受利益的驱使。两宋时代，上至帝王下至平民，多有书画嗜好。那时朝廷大量购藏古玩书画，民间亦有不少收藏大家与收藏爱好者，故宋代的书画市场较为活跃。比如南宋时期的榷场，实即在边境上所设的物质交易场所，金人多将战争时期北宋散佚到全国的书画拿到榷场交易。正因为市场的需求，书画伪作乘机兴起以从中渔利。米芾《画史》云："世俗见马即命为曹（霸）韩（干）韦（偃），见牛即命为韩滉、戴嵩，甚可笑。"同名的一张古代名画，在苏州就能见到30本，可见作伪之疯狂。故米芾每抚案大叫："惭惶杀人！"米芾还在《画史》中写道："关仝真迹见二十本，范宽见三十本，其徒甚多。……李成真见两本，伪见三百本……伪吴生见三百本。"临习范宽、关仝者极多，而李成、吴道子的伪作竟达三百本之多，以致米芾在另一段文字中慨叹"无李论"："今世贵侯所收大图，尤如颜柳书药铺牌，形貌似尔，无甚自然，皆凡俗，林木怒张，松干枯瘦多节，小木如柴，无生意……皆俗于假名，余欲为无李论。"

除了伪造前人和旧时代名家作品，还有复制和代笔的情况。李元茂先生在其《古书画仿制研究》里说，宋代"仍然以人物画为主，继承唐代的传统，不可移动的是以仿制佛道壁画为主，可移动的是在仿制卷册人物的基础上增加了轴画，宋初有武宗元，稍后有李公麟，都是在晋唐人物画的基础上进行仿制"。

江山无尽图卷（摹本）
南宋·夏圭
设色纸本

在这一时期还出现了仿唐代青绿山水的宗室画家赵伯驹、赵伯骕兄弟，而仿制他们二人青绿山水的又有其下人赵大亨，仿制水平几能乱真。当然，这样的临仿行为并非为了欺世盗名或经济利益，而是为了鉴赏和保存古代文化遗产，学习古人，继承前人。今天看来，宋代高手仿前人名作的珍贵价值不言而喻。

至于代笔，在每个朝代都有，是画史中司空见惯的事。前面提到，北宋赵佶（宋

竹禽图

宋·赵佶

设色绢本 美国纽约大都会博物馆藏

据专家称，此图为合墨笔、重彩为一体的工笔花鸟画。绿竹枝干以墨笔写出；竹叶用墨笔双勾，填以石绿。禽鸟刻画得真实精确，神完气足，毫无拘板之感。此图有赵佶签押及宣和印玺，是一幅流传有据的赵佶真迹。

徽宗）在绘画和书法方面，造诣是非常深的。然而在传为他的众多作品中，风格却迥然不同，例如《五色鹦鹉图》与《柳鸦图》画法风格显然不一样。一位画家在同一画科中，完成两种截然不同的风格，加之赵又兼善人物、山水，这是不可能的事。因此说宋徽宗赵佶的画，即使有他的真押，钤真印，却“往往是画院作品，道君（赵佶）不过加押加印而已”。作为一代皇帝，画院的任何画家的作品，只要他喜欢，随手签款，谁又敢言语？此无法追究，却乃是公开的秘密。对此类作品，一般称为“御题画”。无论是过去还是现在，这些也都属于“国宝级”的绘画了。

松泉盘石

宋人

二、明代绘画的作伪

明代书画作伪的手段多种多样，摹、临、仿、造、改款、添款、拆配、代笔等手法层出不穷，较为常见的是将原画改款、添款以提前时代，抬高身价。例如，一些作伪者把院画家或浙派画家的作品署款去掉而改添宋人名款，这种作伪情况在书画著录中也有记载。此外，还有一些是大名家的亲属或门人的代笔书画，竟也成了此大家之真迹。据说，唐寅是周臣的门人，后来唐寅的名气超过了周臣，于是周臣为唐寅代笔。也有的说，周臣与唐寅画风相近，后人为了牟利，将周画的款印挖去，改书唐伯虎之作。

据称，明代有位仿作高手，名叫詹僖，他的书法仿元代赵孟頫，绘画仿“元四家”之一吴镇。由于此人相当熟悉赵孟頫书法俊逸遒媚的风格特点，他的仿作可以假乱真，一时蒙骗了许多人。而且他的几件仿

雪中白鹭

明人仿五代黄筌

设色绢本 立轴 89cm×41cm

题识：黄筌制

注：两印漫漶不清

黄筌，字要叔，四川成都人。五代西蜀画家。主要创作活动在后蜀时期。对宋代的宫廷绘画影响深远，被誉为“黄家富贵”。自明推翻元朝统治，绘画倍加推崇宋代，出现一大批摹古高手，此画便是在这样的背景下诞生的。此画来自于日本藏家。

仿徐熙玉堂贵图轴

明·陈嘉选

设色绢本 200.4cm×103.9cm

上海博物馆藏

水仙湖石

明·陈洪绶

戊辰年（1628）作 立轴 69.3cm×26.8cm

峰峦浑厚图卷（真迹）
明·董其昌
纸本 设色 21.2cm×159.5cm

品流传至近现代仍然被认为是赵孟頫的真迹。直至20世纪末，北京故宫博物院刘九庵等几位专家见到詹僖本款作品后，加以对照，才恍然大悟，随后加以正名。詹僖仿吴镇的墨竹画，虽竹态看似有吴镇之风韵，但少有吴镇画墨竹的雄浑和大气，显得有些轻飘浮躁，缺少纯朴的厚重感。

明代书画家的代笔现象尤为突出，文徵明、董其昌、沈周、米万钟、陈继儒等人均有代笔之作。如“明四家”之一的文徵明，门人弟子甚多，于文彭、文嘉，侄文台、文伯仁，“皆能世家其学，有名于时”，形成吴门派，文画中应酬之作多由这些人代笔。

明人朱朗，字子朗，号青溪（青，也作清），苏州人。师文徵明，称入室。仿文笔毕肖，凡有所作多托名徵明，为世人所知，而他本人名姓，知之者却极少。所居与文徵明又是比邻，时徵明画极难求，尝有人不得已，去求朱朗假文徵明之伪作。

溪隐图（真迹）
谢缙 无年款
水墨纸本 立轴 98cm×72cm

据传：“有客遣童子将币于朗求徵明赝本，童子误送文宅，致主人意。徵明笑而受之，曰：‘我画真徵明聊当假子朗可乎？’一时传以为笑。”

最有代表性，代笔者人数最多的要数

明晚期的董其昌了。启功先生在一篇文章中提到，为董代笔者有七家。张珩先生也讲，代笔者七家是根据历史文献记载而来。刘九庵先生还谈到代笔者不仅仅限于这七人，徐邦达先生将董其昌的代笔诸人列举传略如下：

一、赵左（早名“佐”），字文度，华亭（今上海市松江）人。宋旭弟子。创苏松一派山水。

二、吴振，字振之，号竹屿，华亭人。

三、叶有年，字君山，南汇（今上海市）人，孙克弘弟子。

四、释常莹，号珂雪，松江超果寺僧人。

五、赵泂，字幼远，又字行之，华亭人。

六、吴易，字素友，一作楚侯，上海人。崇祯时授文渊阁中书舍人。

七、沈士充，字子居，华亭人。宋懋晋弟子，兼师赵左。

八、李流芳，字长蘅，号檀园，本歙（在安徽省）人，侨居嘉定（今属上海市）。明万历三年乙亥（1575）生，崇祯二年己巳（1629）年卒，年55岁。

董其昌书画合册（仿本）
纸本 水墨 单开 30cm×21.5cm

三、清代绘画的作伪

清代绘画作伪，较之明代，有增无减，到晚清再次掀起高潮，其作伪手段、地区等又有所翻新和拓宽，造成真伪掺杂的混乱局面。

清代伪作，比之前朝，更是花样翻新。所制假画除了有摹仿和臆造的，还有对不落款、不盖章的旧画补款、改题以增其身价的；有的以“金蝉脱壳”之法，将原画本身挖去，利用原装裱嵌进伪本；有的通过改款将晚期的画家之作改为早期画家之作；也有的专干拼凑的把戏，从几件作品中各取一部，组织成章，乍看起来各部分好像都有来历，组合在一起并不谐调。伪作之法，变幻多端，无奇不有。

五松图（真迹）
明末清初·朱耷
无年款
水墨绢本 立轴 88cm×46cm

清代作伪以“仿”作居多，清代六家、石涛、龚贤、禹之鼎、郑板桥、金农、蒋廷锡、高其佩、改琦、戴熙等以及傅山、王铎、刘墉、王文治、何绍基等人的作品，都有大量仿作流传。作伪较出名的有谭子猷仿郑板桥、王荦仿王石谷、范廷镇仿恽寿平（南田）等，甚至有的书画名家也参与过仿造前人作品，如王翚早年便仿过黄公望、王蒙、倪瓒等元人作品，20多岁时所仿倪瓒《山水图》卷居然著录于《石渠宝笈续编》。据近人邓之诚《骨董琐记》云：“西园左笔寿门书，海内朋交索向予，

花鸟（清仿）
明末清初·朱耷
绫本水墨 立轴 54cm×31cm

天池石壁图（真迹）
清·钱杜
106.5cm×28cm

短札长笺都去尽，老夫赝作也无余。文人游戏何所不至，恐自来作赝者不止板桥，而板桥所赝者不止寿门耳。”这就是说，郑板桥也作过假画骗人。而郑家中之木工谭子猷经常看郑板桥写字画画，久而久之，对郑的笔法和特点比较熟悉了，便画些竹石，冒郑板桥的名字去骗人。

清代，代笔现象依然存在。据徐邦达先生《古画辨伪识真》称，王时敏“晚年有较多的代笔画——70岁以后大概眼睛有毛病（经常在他的画题中提到），所以一般应酬之作，极少自画。代笔人可辨的有王鉴、王撰、王翚等人，而以王翚所代

山居抱膝图（真迹）

清・查士标
1671 年作
水墨纸本 立轴 204.5cm×79cm

山水（清仿）

清・吴历
绢本水墨 立轴
题识：余与敬亭词丈，神交数年矣。于吴门寓庐，尊酒言怀，遂成莫逆，之此索画，即以应之。戊申（1668）七月，延陵吴历。
88cm×26.2cm
RMB：45,000-65,000
2006 年 12 月天津国拍

山水（清仿）
清·钱维城
设色纸本 册页 26cm×18cm 八开之四开
钤印：维城、稼轩
题识：庚申夏五月钱维城写意
RMB：12,000-15,000
2005年11月上海信隆、天津蓝天拍卖品

较多。作伪者则有薛宣等人”。王鉴是时敏本家弟兄，比时敏小6岁；王撰是时敏三子，比父小约30岁；王翚同是时敏、王鉴的弟子，比时敏小40岁。“王鉴晚年有不少代笔作品，大多在70岁以后可辨的代笔者有王翚，但不很多，也有其他人，一时难以尽晓。”杨晋是王翚弟子。翚每出游，必让晋随行。每画图中人物、驼、马、牛、羊等点景之物，皆由晋添补。

“扬州八怪”之一的金农，他的代笔之作也比较多。据文献记载，金农50岁才开始作画，其实他50岁的画作大多是由别人代笔，后人误认为是他的亲笔。罗聘，号两峰，他和项均为金农的弟子。金农50岁以后的画作，大多是由罗聘、项均等人代笔。同时代有位叫篆玉的人，曾收到金农的画作，表示怀疑，当他亲眼看到罗聘等人为金农代笔作画后，才恍然大悟，于是，篆玉在画作上题七言绝句：“师借门生画得钱，门生名亦赖师传。两相互换成知己，被尔相瞒已十年。”由此可见，金农的代笔问题在当时就已经被人识破，不是什么秘密了。

此外，蒋廷锡、董邦达、钱维城、邹一桂、王士禛、袁枚、纪昀等书画家也多有他人代笔。光绪中叶以后，慈禧太后赏大臣花卉扇轴等，均出自女画家缪嘉蕙（字素筠）之手。

四、近现代绘画的作伪

近现代绘画作伪，不仅沿袭了前代的各种手段，而且形成了规模和体系。特别是一些专事伪作的店铺和作坊，对伪造各大名家之作，已经有了明确具体的分工和与之相应的纸绢及工具。

据北京籍的一位老先生讲，他的父辈在民国年间就是专为一家店铺承担伪作之劳的。其父辈书画基本功深厚，但为生活所迫，每每为店铺仿制名家墨迹。店家往往出示某名家真迹于他，同时送来已经作旧的纸绢，由他在上面绘制与某名家画风完全一致的手卷或中堂，然后由店家取走，再加盖印章。印章由擅刻某家印章的人专门刻制，纸绢和印泥是由专事此道的作坊或个人特制的（也有用书画家那一时代纸、墨的），装裱也有专人负责，多方伪装作旧。经过如此一番加工制作，伪品即可乱真。老人还讲，当时干伪作行道的人根据每个人的风格特征，仿造某家作品是各有侧重的。有的专仿文徵明；有的专

山水（真迹）
清・王翚

山水四条屏（近代伪作）
清·王三锡 镜片 113cm×34cm×4

仿郑板桥……可惜这些人因声名不重而一味作伪，一个个埋没了自己的才华，而且以他们的乱真之作给书画的鉴藏带来了难以理清的混乱。

近代绘画作伪也给后人留下许多笑谈。例如张大千专造石涛、石谿这些大名头，只要有人要，他就能造出来。张大千造假，都用旧料，跟随他的裱画师傅叫刘少侯，是他造假的得力助手。

最为典型的是溥心畬，他自己造自己的假，琉璃厂老人都知道这个笑话。有一天，溥心畬正在店内坐着，进来一位朋友见到他后问："溥先生，我订的您画的画，画好了吗？"溥心畬答："您等等，我问问他们画好了没有。"

原来，清朝以后，大部分遗老遗少长期养尊处优，身无一技之长，只好混日子。溥心畬家教甚严，收藏又富，从小就研习书画，等到了民国时期，他也到琉璃厂卖画，没想到画一挂出就很快走红，卖得相

竹石图（真迹）
清・郑板桥
大型立轴

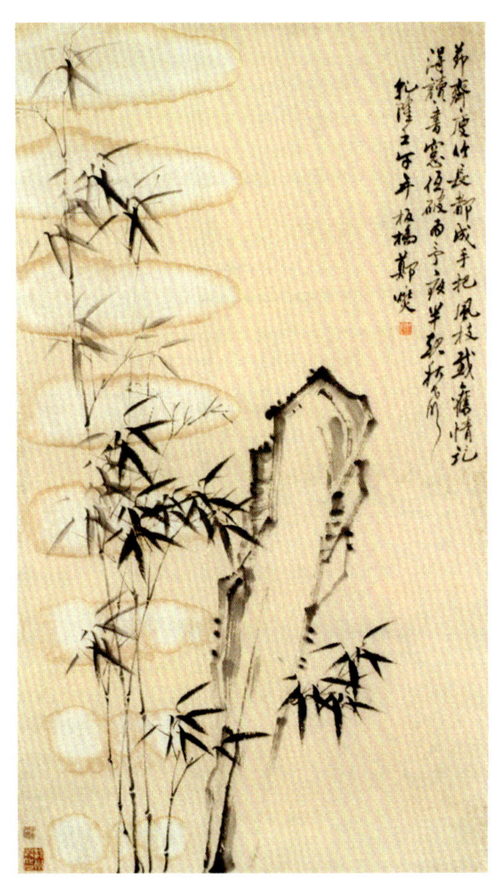

墨竹（旧仿）
清・郑板桥
立轴　96cm×55cm

当好。在这种情况下，他就在西山碧云寺的牡丹园弄了一条“流水线”，专画他的画，有的勾轮廓，有的设色，有的添墨，最后这位大爷落上自己的款盖个章，就完事大吉了。因此才闹出了前面的笑话。

绘画作伪与售伪往往是配套进行的。民国时期北京一些欺人的商号就常推出一些令人难测的售假方法。他们多雇用一些10岁上下的学徒，先让他们任意书写绘画，半年后，掌柜甄别何人长于写字、何人长于绘画，凡有一长者则留，不行的就遣散出去。又过了半年，掌柜将他们每个人的作品详细审查，看何人之字类何人之体、何人之画类何人之笔。然后，为他们选择与其书其画相类的古人书画进行摹仿。如有的学徒的字近似董其昌，则由掌柜觅来董其昌的真迹，令其学习；有的学徒的画类似唐伯虎，则由掌柜寻得唐伯虎的真迹，

张大千 山水（伪品）
立轴 95cm×43cm

令其学习。分定之后，学徒照指定的书或画终年终日临摹不止，而且不许他们看其他任何人的作品，也不准参与任何事情，以防乱目扰神。这样10年、20年、30年过去，虽不能个个学成，终有一两个可以

张大千 夏山图（真迹）
设色纸本 立轴 97cm×47cm

乱真者。这时，掌柜才拿来该名人（如董其昌、唐伯虎）平常所用的纸、墨，令其以该名人生平故实设词立意，以该名人笔法写字作画，使之与该名人真迹完全相同，毫无破绽。书画作伪即成，这只是第一步。第二步才是伪售阶段。

推销伪书假画一般不在本地，而多选

张善孖 七狮图（真迹）

山水（旧仿品）

清・王翚

设色纸本 91cm×47cm

在该名人的出生地或滞留最久的地方。他们串通那里的书铺、小摊或旧货铺，托为代售，而且不将全部伪作摆出来，每次只悬挂一幅。当地书铺、小摊的主人故意装作不了解这件作品的真正价值，且于言谈中流露出这类作品在当地常有发现、本地人不以为宝的意思。到此地游历或前来收买古玩的外乡人，必然想到这是某某名人的故乡或滞留之地，本来就抱有得见该名人真迹的希望，只要见到这类作品，大多不存真伪之考虑，不管索价高低，必定设法购得；而且一旦购得，便秘不示人，自以为平生奇遇，大占便宜，却不知是中了售伪者的奸计。作伪之术，可谓高矣！售伪之法，堪称绝矣！

五、绘画作伪的地域特征

明清以来的假画，在内容、方法、水平、装裱上，都带有明显的地域特征。

苏州造

明代万历至清乾隆年间，苏州地区有一批专门从事制作假画的人，具备熟练的

仿古山水
明·董其昌
1621—1624 年间作
水墨设色 纸本十开册之一页
56.2cm×36.5cm
美国纳尔逊艺术博物馆藏

杨逸 山水（伪品）
绢本 立轴 106cm×47cm

秋江饯别图（真迹）
明·文徵明
88.8cm×32cm

山林秋壑（伪作）
明·文徵明
设色纸本 立轴 50cm×29cm

绘画技能，其所造之画作，被后人称为“苏州造”，俗称“苏州片”。苏州有专诸巷和桃花坞成为“苏州造”两大聚集地。画工们采用作坊形式，或线描、皴染、设色，或写款、题跋、刻印，一条龙作业，既分工又合作。“苏州造”的特点是采用绢本，青绿设色，山水画门类居多，也有工笔、花卉、人物等，画法工细，设色艳丽，大多伪造古代名家作品。例如，唐代的李思训、李昭道；宋代的赵伯驹、赵伯骕；明代的文徵明、仇英等。还有些画作在尾跋

葛仙翁炼丹图

清·佚名

设色绢本 手卷 28.5cm×222cm

RMB：25,000（2006年天津蓝天拍卖）

上伪造“南宋四大家”以及“元四家”、“吴门画派”如赵孟頫、鲜于枢、沈周、文徵明、董其昌等名人的题跋。“苏州片”伪作较多，流传很广，其作伪水平高低不一，多数有板滞、软弱之弊。但也有较高水平者，如伪宋赵佶《王济观马图》卷，一时还难以辨认。伪作最多的，以仇英的青绿山水、张择端的《清明上河图》为最。所伪作的《清明上河图》，不管署谁的款，里边建筑一律青砖瓦屋，砖城墙，砖拱桥。人物一律明装，基本根据晚明苏州山塘景物绘制。这无形中为我们鉴定《清明上河图》提供了佐证。

湖南造

清代康熙至道光年间，在湖南长沙地区有人伪造何绍基、左宗棠、齐白石等湖南当地名家、名人书画，以及一些冷名家的山水画和明清节烈人物的书法作品，被称为“湖南造”，又称“长沙货”。画面松散，带有题诗，然书体无甚功力。作品往往经染旧以后洗刷，以显灰暗、陈旧。传世的伪画有何吾驺《松石图》、蒋信《苔石图》、普荷《松石图》等，几乎没有著名画家作品，功力低下，且全部经过作旧，容易识别。

河南造

明末清初时期，河南开封地区有一批人专门从事伪造唐、宋、元时期的名家书法作品。“河南造”也称“开封货”，主要以伪造书法为主。如唐颜真卿、柳公权；北宋苏轼、黄庭坚、米芾、蔡襄、赵构；元代的赵孟頫、鲜于枢等人的书法。另外，还随意伪造了一大批历史上的节烈人士，像岳飞、文天祥、包拯等人的书法作品。

山水（伪品）
吴徵 立轴 84cm×47cm

花鸟（伪品）
唐云 立轴 87cm×45cm

北京造

"北京造"即"后门造"，又称"后门捯"，是指北京景山后街、地安门一带，俗称"后门"。专门伪造清代"臣"字款字画，特点是画面工整，多采用工笔设色手法，以绢本居多，也有纸本，题材广泛，装裱华丽，采用宫廷式装潢，蔚然可观。"后门造"尤以意大利画家郎世宁画为多，且常有清高宗弘历题字和清宫玉玺藏印，如乾隆五玺、八玺、十三玺等，或清大臣的题跋。用料讲究，但技术很低，装潢仿宫廷格式，但俗气较重。传世伪作有郎世宁《山水人马图》、《圆明园观围图》等。

广州造

晚清至近代，以绢本设色为主，立轴居多，手卷、册页较少见。多作人物、花卉、山水。多署明以前大名家，如宋代作品，常加赵佶标题；另有在清代作品上动手脚，小改。于作者款下加"题"字。或在画前加宋元人题跋。从时间上住前推，以冒充古画，使清代画变为明以前之假古画。由于在画上作旧时上胶矾太重，绢丝都被捣制，毫无筋骨，一摸就掉粉末，虽然古旧，了解其伪造伎俩后也易识破。

扬州造

清康熙至乾隆时期。仿历代名家，以“扬州八家”、王小楳作品较多。画笔拙劣，水平极差，偶有较好者，如石涛、郑燮、李复堂，尤以石涛伪作最为突出，书款时撇捺笔画肥大，俗称“皮匠刀”。

江西造

所谓“江西造”是指在江西地区一些人所伪造的一批作品，其影响不大，现存数量很少。所作多为清代罗牧的《山水图》（纸本、墨笔），画法比较简单，用笔有元人气韵。

松江造

即现在的上海市，假手大都以制造董其昌书画为能事，他们多学赵左、沈士充等松江派的画风、画格。所伪作的董画，一般多用湿笔，无董画生拙秀雅之趣。

绍兴片、宁波片

近代大小名头均作，程度极差。“宁波片”多有摹仿任伯年早期作品者，程度较好；仿黄山寿人物大屏；十二幅、十六幅一堂，画笔较原作稍粗，此类作品世上多见。

此外，嘉兴、湖州、南京、无锡、杭州、新城等许多地方也都有伪造画者，不过没有上述地区集中，知名度也不高。

六、中国画作伪的常用手法

中国画作伪，归纳起来不外乎两大类：一类是完全作假，另一类是利用前人的绘画来作假。所谓“完全作假”又包括摹、临、仿、造等几种方式。

摹

一般称为勾摹，也有称为拓或移画的。其办法是作伪者先用极细的笔线勾出真画的轮廓，然后再填上色。摹的作品与原真迹的内容、构图、设色完全一样。不同之处是笔墨板滞，缺乏灵气。所摹之画，多见于工笔的人物、花鸟和宫廷的山水画。张珩先生在《怎样鉴定书画》一书中说：“照摹接近现在的复制，在古代肯定是不少的，而且所摹以名迹居多。”又说：“近代照摹的伪作更为常见，拿戴熙的画来说，解放前上海的徐俊卿和北京的陶洙都是作伪能手。”其鉴定之法就要考虑作品的质地、款、印等辅助依据，以定真伪。

临

即作伪者以真迹为粉本，笔笔照临、

坡公参禅图

清·胡璋

1885年作

水墨绫本 立轴 119cm×34cm

钤印：铁梅长寿、尧城子

题识：光绪十一年（1885）九月，拟陈章侯笔意，清国胡铁梅，时客豫山。

RMB：22,000-25,000 （上海信隆、天津蓝天2005年11月拍卖）

东坡参禅（临本）

题“胡铁梅”

设色纸本

照写，赝作的尺寸大小与原作真本相同，所用纸、绢等材料基本与原件相似。这样的伪作，笔画不像摹本那样准确、形似，但较摹本灵活。直到今日，这种作伪方法仍然是不少作伪者的“拿手好戏”。笔者在一些画店就曾看到，店主雇了几个能画画的，照着原迹在那里临摹，尺寸也与原作一般。有的还将真迹放在玻璃底下，作伪者在玻璃上按原迹临摹。其破绽之处是，由于临时用笔缓慢，故而画笔的线条显得涩滞、死板，无真品自然潇洒流畅之感。临多用于工笔、写意和行草书。

仿

一些作伪者，专门研究学习某家笔法，即使没有粉本，所作之画也很相像。大名家如明代沈周、文徵明，清代王翚、恽寿平，临学他们的人极多，有些人在掌握了某家的一些风格后，便按其大意，从事作伪。现今采取这种方法作伪的更是不在少数。特别是对当代的大家，有人学得极像，可以达到“乱真”的地步，以致成为专仿某位大家的“专业户”。笔者就常见到仿范曾、宋文治、梁崎等人的画，如不细看，很难分出真伪。这类伪作，特点是用笔比较灵活、自然，确实给鉴定工作者带来较多困难。但由于它是仿作，没有粉本，容易流于形似或露出假手的用笔习惯。这类伪作，由于不要粉本作依托，故在社会上流传较多。藏家要特别引起注意，防止上当。

造

即凭空伪造。如常见有题宋徽宗的鹰，其实大多是清中晚期的伪造，至今在国内还没有发现赵佶画的鹰。唐伯虎一生从不画虎，因名寅，“寅”于十二属相中为虎，因而，在民间不少幼稚的画工俗匠便任意伪造唐伯虎画的“虎”，一些浅薄的收藏者竟信以为真，其实没有一幅是真的。张珩先生在《怎样鉴定书画》里提到，他早年在北京买过一个卷子，款署李某，画史中查不到他的名字，起初以为是一位明代时期不知名画家的作品，后来看出是近人的伪作。1950 年来京，在朋友家又看到一幅无款画，与前画系出一手，此时他才明白，原来这个作伪者正是利用不知名画家的作品或无款的作品不会有人疑心是假的心理来推销其假货的。凭空臆造的伪作，往往因为笔墨技法低下或面貌不像而被行家识破。

还有一种把戏叫拼凑，即从几件作品上各取一部，组织成章，乍看起来各部分好像都有来历，但合在一起往往并不谐调。

利用前人的绘画作伪，以改款、添款、移款、洗款、挖款、裁款的方法较为常见。

改款主要是把时代晚的改为时代早的，或改小名家之作为大名家之作，改学、仿（摹）某家之作为某家本人之作，改学生之作为老师之作，或把写在本幅上的观款或题跋改成本款画等。据说明末有位小名头书画家，叫眭嵩年（？—1645），字明永，明崇祯十五年（1642）举人，善画。明亡时投河自杀。曾以洒金纸书一手卷，造假人将眭款洗去，落“钱谦益”款。手卷精妙，而后添“钱谦益”

刘海戏金蟾

花元

设色纸本　94cm×37cm

此乃“克隆”作品，并进行作旧处理。

山水

樊圻

水墨绢本 镜心　195cm×110cm

系在一幅无款的古画上添加“樊圻”的后款，以充樊圻真迹。

三字，字体弱劣。造假者因为钱是大官僚，又以诗文享盛名，遂在卷前又假造钱夫人柳如是的画。这样一件作品前有柳如是的画，后有钱谦益题诗，如此夫妇合璧，定要卖大价钱的。

添款有两种情况：一种是将残破的画去掉破损的部分，添上同时代名家的款；一种是在无款的画上添加名人的款识。当

山远林深

刘觉

设色纸本 立轴 81cm×39cm

下部为补缀而成

山水

楼辛壶

设色纸本 136cm×68cm

款是后加的，称之为“后添款”。

年我就误购了一件题有樊圻款的山水大中堂。此幅长195厘米，宽110厘米，画风是清代面貌，款为“兰翁仁兄大人雅正，钟陵樊圻”，钤白文“樊圻”和朱文“会公”印，但款字只是浮在画面上，细细看去连命纸（第一次裱画时背在绢后面的那张纸，如年代久远的绢画，这张纸去掉，绢画就筛了，因此这张纸就成了该画的生命，所以后人便叫这张纸为命纸）都没透上墨迹，印章的印泥也浮在上面，显然这是清代的一幅无款画，款字是后人添上去的。现今这种作伪方式更为多见，但大都字迹浮躁，或题识与画的内容和风格不相符，很容易露出马脚。添款的目的本是为了提高画的身价，然作伪者往往徒劳无功，以致弄巧成拙，反倒降低了无款画的价位。曾见一幅近人楼辛壶（1881—1950）的山水画《云山幽境》，设色纸本，长137厘米，宽68厘米，旧画，但未装裱，款题："胸中云梦本无穷，合是人间老画工。常恨无因继三绝，倩人拈笔写胸中。庚午年八月，辛壶楼虚画。"钤印"辛壶"（白文）、"玄视居士"（朱文）。款字虽略像辛壶，但软弱无力，行家看过都断为"后添款"，此画几次在拍卖会出现，虽价钱不高，但屡屡流拍，乏人问津。

中国画作伪还有"转山头"、"揭二层"及"补缀"等。

"转山头"是沿着山水画中远景的山头轮廓线，把纸拈湿后慢慢地撕开，使其画和真题款分离，然后把分离成两半的画芯和题款部分各接上一段纸，在真题下面补上假画，在真画上补上假题。由于画芯的接缝是在画中远景的山头轮廓上，加上生宣纸打湿后可把纸纤维拉长拉毛，并容易拼接，所以不易觉察。旧古董商们把这种造假方式称作是"转山头"，以此来蒙骗有一定经验的买主。但是，如果把这种拼接过的画芯拿到光亮处，透光照下，毕竟连接处的纸厚一些，透光度就不一样了，所以可明显看出接缝处的轮廓线。

"揭二层"是在夹宣纸或先托裱后作画的情况下进行，将一幅作品揭成两件，

山水
翟大坤
设色绢本 立轴 172cm×72cm
在旧画上添加"翟大坤"的款

用以骗取钱财。但“揭二层”的画，墨色浅淡，印景不清，字画没有笔墨精神，有的还需要添色加墨，细看能见到添笔的痕迹，而且浮在表面。

“补缀”是在残缺的画上补以景物，并将补上那部分进行作旧等处理，然后进行巧妙的装裱，使人看不出破绽。在一次拍卖会上，因事先没仔细观察，我也曾拍得一件带有“补缀”的画，画的作者刘觉（1866-？），字蘧然，号云岫庵主，江苏武进人，诸生，工画，山水宗“四王”。此画为旧画，带装裱，整幅画的纸已全部泛黄，但买回后才发现，画的下部占全幅三分之一的地方已残缺，是另画后补上去的，补的部分染旧，使整体颜色一致，倘不细看，绝难发现其中的猫腻。

七、当今绘画作伪的新手段

当今绘画作伪随着时代变迁有了新的演进，传统作伪方法，如临、摹、仿、造等技术进一步得到改进，高倍的实物投影仪、精聚焦的幻灯机、电子计算机已经运用到绘画作伪中来，造假人员也由过去的不法画商改由今天一些画院、美院师生来充当。他们具有高超的绘画水平，加上投影仪、幻灯机等辅助，已彻底解决了“形难”问题；又由于常常受到专业鉴定家的点拨，一批批高水准的具有“反鉴定”意识的赝品更是脱颖而出。作为收藏投资者，如果对新的造假方式认识不足，对一些介入科技方法的作伪手段不甚了解，就很容易进入鉴藏的“盲区”而上当受骗。

例如传统的鉴定方法曾偏重于对款识的研究，在鉴定界曾有“一字、二画、三印章”之说。可现在，这批具有坚实造型基础的专业画家，在投影仪的配合下，已经基本解决了款字笔法问题，一些现代画家的“作品竟达到了难以辨认，至少是让你打愣，到了既不敢当真，又不想认假的地步”。

再以纸绢为例。过去的作旧纸绢是染色而成的。作伪者往往用排笔蘸上调好的旧色浆刷染，由于运笔的方法、速度、次数基本相同，以致全幅色调单一均匀。有的因为水分过多或刷染方法不当，晾干后往往出现水渍痕。若用花青、藤黄、赭石和墨等颜料配色染旧，能隐约看出颜料的色彩，也缺乏自然老化的痕迹。一般来说，新做的旧色看上去有一股火气，纸绢面也欠清洁，透光一照，不仅纹理不清，而且

人物（现代伪品）
黄胄 立轴
129cm×68cm

捕鱼图（现代伪品）
关山月
设色纸本 立轴 98cm×51cm

表层起毛。现在的作伪者已不再完全沿袭传统的用赭色、栀子、茶水或烟灰水来染色作旧，而是利用物理的、化学的手段来催其纸张迅速老化，以达到或接近“自然旧”的目的。其基本方法，一是用强紫外线灯照射，形成对纸张的强制老化，促使其纤维的化学键断裂，直观的现象就是纸张黄旧变脆。另外是用浓度低于10%的稀硫酸作旧纸张。这种浓度低于10%的稀硫酸，无色透明，对皮肤基本不腐蚀、无伤害，但是，如果把它喷刷在宣纸上，则可以较快地腐蚀宣纸，促其很快老化（实际是“碳化”），纸张变暗发灰，纸质变脆，一碰即破，纸张表层显现出细微的破旧剥落现象。用这种方法作旧，纸张接近于“自然旧”，因而有极大的欺骗性。

在钤印上，以往作伪者多照真品原印的样子镌刻，钤之于假画上，由于是仿制，再逼真也容易通过比对细部被人发觉。现在有了电脑，印章可用电脑制作，用锌版

山水
黄君璧
镜心带框 31cm×20cm
仿真复制的印刷品，以此冒充真迹。

照像制成，几乎与原印无异。印泥也用新的方法进行作旧处理。过去鉴定新画或老画，有人常用宣纸覆盖在钤印的部位，用指甲刮擦，如果是新画，宣纸上便留下红色的印痕。为了对付这一招，有人在作假画时往往在钤印后洒上水泥粉之类，让其吸油。据说当年张大千造假时，为了防止新印色容易出油或防止他人刮验，常用浸上白酒的纸卷，将其圈起来烘烤，以去除或干燥油质，但效果仍不理想，印泥总是难以干透。现在，作伪者采用新的方法，他们在钤盖的新印章上涂刷上一层带有胶性的白芨水，这种白芨水干透后，无色透明，形成了一层肉眼看不到的薄膜。这样，你即使用宣纸刮验的老办法，也没有什么意义了，因为在宣纸和印章之间，已经造就了一层阻隔膜，印章上的红颜色再也不会印到宣纸上了。

一些作伪者对白色颜料也作了“反铅”处理，以迷惑有一定经验的收藏家。中国画中使用的白颜色，古代是以蚌蛤壳磨制成细粉再加胶制成，蛤壳的化学成份是“碳酸钙”，化学分子式稳定，历经千年而不变颜色。晚清以后，白色颜料由铅粉代替

蛤粉。铅粉着色力强，覆盖能力好。但铅粉的不利之处在于它经过几十年、上百年空气氧化作用，由白变黑，产生“反铅”现象。如画中“反铅”便说明此画有了较长的年份。现在作伪者利用科技手段对新画中的白颜色作“反铅”处理。目前市场上出售的白颜色，主要是锌白、锌钛白，其化学成分仍含铅，这种铅元素遇到“硫”（硫化氢气体）以后，产生“硫化铅”成分，就会发黑。这样，原来经过数十年、上百年才会产生“反铅”现象，在使用了化学药剂后，很快达到作旧的效果。

绘画作伪还有一种手段就是“印”。以往多以水印代替真品，现在仍然存在。笔者曾在拍卖会上看到过水印的作品，从题款的干笔道上即可发现水印的迹象。

当今最难对付的是电脑复制和“艺术微喷”，这种微喷技术从欧美、日本传入到内地，号称可以百分之百复制原作。国外大博物馆用这种技术复制高仿真艺术品，卖给前来参观的游客，让平民百姓挂在家中欣赏名作。但如今这种仿真品却大摇大摆地登上艺术品拍卖会。据称 2001 年 11 月，某拍卖公司拍出一幅徐悲鸿的《奔腾图》，成交价逾 11 万元人民币。2010 年 12 月，另一家同样拍出一幅《奔腾图》，成交价逾 2000 万元人民币。香港抱趣堂也有幅《奔腾图》卖，开价 3000 元人民币。店主宣传这是一幅复制品，是“高仿真复制品”。在那家拍卖公司拍卖后，抱趣堂曾两度向天津博物馆查询，答复是：徐悲鸿《奔腾图》原作仍在馆内。“艺术微喷”即使能百分之百的还原，也都不会变成原作啊！我曾在一次小拍中买到一件仿真作品，由于当时经验不足，竟将一幅复制的黄君璧山水小横披当成真迹，但如果认真观察便会发现，这东西还是有印刷品的味道，与用墨、色画出来的大不相同。以仿真冒充真迹，在拍卖会上多将其放在镜框内，以防让买家看出，这一点务请藏家注意。

山水（伪品）
樊浩霖
纸本 镜心 128cm×31cm
系用电脑复制出来的，镶在铝合金镜框内，出现在一次小型拍卖会上。

八、仿古画有地区特点

自晚明以来，具有鲜明地域特色的书画赝品层出不穷，前面提到，苏州、扬州、开封、长沙、北京、广州等地尤为突出。当代书画作伪也具有一定的地域性，各地区的造假对象多以当地及周边地区著名的书画家为主。

北京地区多仿李可染、吴冠中、黄胄等名家绘画。李可染的赝品从绘画到书法应有尽有，使一些买家大上其当。吴冠中的赝品泛滥充斥市场，黄胄的部分假画真假难辨，齐白石、李苦禅、陈半丁、徐燕荪等名家赝作也屡见不鲜。有的作伪者还设立作坊制作宫廷绘画及清代旧藏，称作“新后门造”。

南京地区以仿傅抱石山水为主，兼作人物，然山石的层次及用笔显得浅薄松散，所书款识更容易露出破绽。而仿魏紫熙、亚明、宋文治等的赝作无论在山石的皴法、墨色和章法上都显出作伪者有一定功底。

上海地区以仿朱屺瞻、程十发、谢稚柳、唐云的假画为主。所仿朱屺瞻的山水、花卉，多是其晚年作品，用笔、用墨也都说得过去，印章均以锌板照相制成，几乎与原作无异。仿唐云的赝品水平高低不等，数量也多。

双鸡（现代伪品）
高剑父
立轴 120cm×55cm

安徽地区主要仿黄宾虹书画，所作赝品酷似黄宾虹的风貌，但笔墨显得“花”和“乱”，缺乏真迹的那种整体感和凝固感。

天津地区以仿刘奎龄、陈少梅、马晋、范曾、何家英等人的假画居多。自20世纪80年代后期到90年代还出现过仿溥儒的早期山水赝品，主要是小手卷和册页。

浙江地区以仿陆俨少、潘天寿等当地名家作品为最多；而四川地区专仿张大千早年书画；广东地区则多岭南画派的赝品；台湾以仿造于右任、溥儒、张大千的晚年作品居多。

各地制作的赝品在笔墨、手法上各有特点。比如上海，假造朱屺瞻、唐云、陆俨少等人的山水、花卉作品，用笔墨韵皆不恶，印章等用高科技手段仿造，几乎与原件无异。天津则有流水式作假作坊，从假旧纸到假印泥，都是一条龙生产，所用宣纸都是安徽泾县的仿古纸、作旧纸、粉笺、蜡笺之类。低档的采用丝网印，再勾墨加色，盖上名人款印的方式。各地装裱方式也不尽相同，如上海用绫常为湖蓝色，天津多作白色（当然也不绝对）。

假画的销售则在地区间相互勾通，互通有无。如山东的画贩就常来天津购买假画，天津有专业画贩则以出售假画为业，山东人是他们的常客。这些人多购求孙其峰等山东籍画家的伪作，再拿到山东卖给那些不辨真假的投资爱好者。北方的假画销到南方去，南方的假画售到北方来，使得南北假画大交流。由于北方的鉴定家或收藏家对南方画家的作品见得少些，南方鉴定家和收藏家对北方画家的作品也没有北方鉴定家和收藏家那么熟悉，容易出现判断上的失误，错将赝品当真迹。如此一来，也给南北各地作伪者造成可乘之机。

山水（现代伪品）
陆俨少 立轴 68cm×43cm

第三章 中国画的鉴定方法和依据

鉴定中国画大体有四项任务，即辨真伪、断时代、识是非、别优劣。四项任务并非截然分开，而是相辅相成。完成这些任务，看起来简单，做起来并不容易。然而，作为中国画的收藏投资者，最起码也得掌握书画鉴定的方法和依据——这是判定绘画年代真伪的钥匙，也是玩字画的『应知应会』。何为鉴定书画的依据和方法？按照通常的说法，时代风格和个人风格是主要依据，印章、纸绢、题跋、收藏印和著录是辅助依据，目鉴和考证是最基本的方法。

一、时代风格：观朝代气象

有的书画鉴定家看到同一时代作品的相同点和不同时代作品的相异点，往往称之为“朝代气象”。所谓“朝代气象”实际上就是我们所说的时代风格。按照这个说法，时代风格存在于绘画作品的自身，是鉴定绘画的主要依据之一。

为什么鉴定中国画必须首先看它的“朝代气象”、把握它的时代风格呢？这是因为绘画作品无不受到当时的政治经济、生活方式和物质条件的影响和制约，并且强烈地反映出那个时代的风貌和时尚。作品本身所显示出的时代气息及文化习俗、生活制度等等，都直接或间接地有助于我们判断时代，区分真伪。例如古代绘画方式，唐宋以前，壁画盛行，画家们是站着作画，即便是在绢上作画，也是绷在框架上，站着画。大约从宋代开始，将纸绢平铺桌上作画方式才渐渐时兴起来。这两种作画方式的用笔角度和手臂用力不同，笔触也自然两样。再如题款的句法、语气、称呼和笔画也有时代特点。清人书画题款惯用“某某仁兄雅属”，明人则不会这样写。今天我们用“千古”作为对死者的哀悼，明代却用来对生人表示尊敬。具体到绘画中所描写服饰器用，因关系到历史制度和社会风俗，所反映的时代特点

会琴图

明·唐寅

140.5cm×62.2cm

更加鲜明。宋代郭若虚《图画见闻志·论衣冠异制》对此有过专论，所画事物是否与历史相符，被郭氏用作评价的标准之一，可见古代鉴赏家对这一点十分注意。熟悉各个时代的服饰器用，对于鉴定绘画很有帮助。古代画家也有画错了前代服饰器用的，但只是错画了或混淆了前代已有的服饰器用，而不会画出后代才有的服饰器用。有的画题唐代画家名款，但画中却有用藤竹缠扎的高形圆儿和带束腰的长方高桌，仅从器物便知这是宋以后的人所而画。一张风俗画中，倘若画一位头戴红顶花翎的官员，那么无论所用纸绢多么古老，也绝对不会是清代以前的画作。

绘画的画幅形式也有时代特点。如北宋人常画高头大卷；团扇是宋、元都有，明代就少多了，一直到清代道光年间才又兴盛起来。折扇是明初才流行起来的，起初扇面多题字，后来才作画。

不同时代的绘画与那个时代的经济生活、政治状况和意识形态密切相关，带有明显的时代烙印。南北朝至隋唐时代，我国宗教盛行，使道释画有巨大发展，导致了人物画的繁荣。两宋时期，朝廷设置画院，“以画取仕”，促进了山水画、花鸟画、世俗画的勃兴，在历史上形成一个绘画艺术的高峰。元代时，民族矛盾尖锐，许多文人寄迹山林，逃避现实，反映在绘画方面，形成了缘物寄情的文人画和诗书画相互融合的艺术特色。朱明王朝，法度森严，画家不敢逾越雷池半步，形成工整

古木垂阴图轴（真迹）
清·龚贤
纸本 设色 175cm×50.7cm

清明上河图卷（真迹）

宋·张择端

绢本 设色　24.8cm×528.7cm

密丽的院派画风。清初画派林立，“四王”画风笼罩画坛，很多画家的作品都有“四王”的味道；又有“金陵八家”各自奋起，“四大名僧”坚持创新。乾隆时期，南北交通发达，经济繁荣，以金农为首的扬州画派崛起振兴，他们各有所长，各具特色，水韵墨章与诗书印有机结合，成为当时画坛的一支劲旅。

了解时代背景，分析作品的时代特色，对于考辨真伪、区别纯杂颇为有利。《石渠宝笈三编》著录的北宋张择端画《清明上河图》卷（今藏故宫博物院），是传世很多版本中唯一可信的真迹。鉴定家们之所以断为真迹，除了笔墨形式、题跋和流传有绪，从鉴考中得以证明为“祖本”外，在很大程度上还是从作品中那些详细描绘的建筑物上和与北宋时代相吻和的社会风俗中得到证明。其所画汴京京城除了门洞部分是砖彻以外，其城圈则是“版筑”的土墙，正合当时规制。现在伪本上所画则尽为砖砌，事实上砖砌的城墙直到明初才出现，凭此一点，可知所见各伪本无一不是明人的伪作。此外画中木构券形的“飞虹桥”、“采楼欢门”，以及棕棚牛车的“串车”等，均与南宋孟元老《东京梦华录》等书所讲的相契合。这些都不是凭空能够想象得出的。

即使撇开绘画中那些确凿表现时代的形象不谈，它的时代风格也绝对不是抽象的东西，而是明显存在的。同一时代的作品，尽管有个人和地区上的差别，但其间还是有某些共同的风格特点。笔者经常随同国家文物鉴定委员会委员刘光启先生鉴定书画。他常说：“鉴定书画首先要看它的总体面貌是否符合那个时代的气象，这是十分关键的一环，其次再分辨其为何地何人所作。”这就是说，对一件作品要先研究它的时代风格，再考察它的个人风格，才不致有大的失误。有一次，一个人送来一本清代小名家的山水册页请刘先生鉴定。他一看画风和题跋，马上断定为清前期作品。理由是：山水画为“四王”风格，书法受董其昌影响，从内容到形式均体现了清前期时代特点。

这里我们再着重说一说清末民国的作品。这个时间段尽管距离今天很近，但也可明显看出那一时期的时代特点，包括那个时期的社会崇尚、价值取向、民风民俗、陈设用具及心理状态等。现今流行的一些绘画赝品多是照着这一个时间段下手的。然而如今的作伪者内心浮躁，急功近利，虽然摹仿那个时代的气象，但总是掩盖不住现代社会的气氛和面貌，总会在时代风格上露出破绽，这正是“朝代气象”给我们的启示。

依据时代风格鉴定绘画，要求鉴定者必须具备一定的历史文物知识，同时对各个时代绘画的时代气息有个大概印象。不久前，笔者听说有位收藏者家中存有两件“宝物”，一件是唐代绘画真迹，另一件是苏东坡的书法对联。稍有历史知识和艺术常识的人都知道，唐代的绘画，传世者

连国家博物馆都难以寻觅，怎么能跑到寻常百姓家？苏东坡生于北宋时代，当时还没有对联这种形式。现在看到的最早的书联，有清康熙时的王时敏、朱彝尊等人的作品，偶见明末董其昌、倪元璐等书联，大都是从大字书轴中挖出改成的，再早更不用说了。那幅书法对联居然出自苏东坡之手，这怎么可能呢？张珩先生说过：“从事鉴定的人不妨将书画的时代分一分段落。我自己是这样划分的：唐、北宋、南宋、元、明早期、明中期、明晚期到清初、康雍到乾隆初、乾嘉到道咸、同光到民国初年。只要我们书画看得多了，渐渐熟悉了，不同时代的风格在心目中就会出现一个轮廓。闭上眼睛，我们可以想得出北宋的画大概是什么样子，南宋的又如何，明代早期的字大概是什么样子，中、晚期的又如何。凡遇一件具体的作品时，首先要看它的风格特点属于哪个时代。它的时代已经摸索判断之后，然后再作进一步的考察，便方便多了。”这确是学习中国画鉴定的一个可靠途径。知的多，见的多，不同时代的风格在心目中形成轮廓，一旦遇到一些作品与时代不符，大体也能作出判断。

二、如何辨别个人风格

个人风格是书画鉴定两大主要依据中的另一大主要依据。由于画家各人的思想、性格、审美观点、师承关系、创作习惯不同，他们在艺术实践中所形成的个人风格也是千差万别。用唯物辩证法的观点来分析，时代风格是矛盾的普遍性，个人风格是矛盾的特殊性。个人风格存在于时代风格之中，受时代风格的影响；而个人风格又有它特殊的一面，它在时代风格这个总体中又有其明显的个性特征。因此，我们在把握作品时代风格的同时，深入剖析作品的个人风格，对科学地判定绘画作品真伪也是至关重要的。

个人风格比时代风格还要具体，更容易捉摸。以笔法而言，古人写字画画，不仅执笔方法有出入，运笔的迟速、用力的大小也不一样，在什么地方用力更是人各相殊，别人是难以摹仿得很像的。徐邦达先生在《谈古书画鉴别》中言及书画本身的笔法时说：“笔法，对模仿的人来讲，又是最不容易学得像的东西。每个书画作家，不管他技巧高低，经过几十年的习惯运用而逐步形成自己的笔法特点。换一个人（作伪临摹者），要在一朝一夕之间就把它完全接收过来变为己有，除了比较工整刻板、无从表现出特点来的线和点还容易慢慢摹得像以外，只要稍微放纵便会流露出作者个性的笔法。”画家所用的笔、墨等，亦是各人有各人的习惯；而且他们的作品也无不与他们那个时代文房工具的特点发生联系。如明代徐渭在墨中经常加入胶水，因此能见到墨渍痕迹；清初程邃晚年用极干的墨；朱耷善用淡墨；蒋廷锡的墨花卉有时搀入赭石颜色。对于这些，鉴定者都应有所了解。

除了笔法和表现笔法所使用的工具有所不同，每个画家在创作思路、艺术表现上也存在着差异。有的人安分拘谨，其作品往往工整细腻，设色考究；有的人放荡不羁，其作品往往生动活泼，不拘一格；文人画家有文人画家的气派，宫廷画家有宫廷画家的品位。即使是同一时代、同一流派的画家，也只是风格相近而已，他们均自有其个性和面目。以沈周为首的明代“吴门四家”总的来看都有一种风流蕴藉的书卷气，但具体到每个人又都有其独具的风格和面貌。沈周的绘画题材广泛，他的山水画是在“元四家”的基础上以董源、巨然为宗发展起来的，具有粗笔写意的风格。文徵明的山水人物画趋向于工整秀丽，温雅静穆，用笔流畅，细润而不板滞。唐寅的山水人物画师法南宋刘松年而加以融会贯通，笔墨舞动，线条遒劲，形成潇洒

虎丘送客图
明・沈周
纸本 轴 173.2cm×64.2cm

云壑观泉图
明·文徵明
153.5cm×63.8cm

活脱的风格。仇英擅长临古，无论山水、人物、树石、楼阁，都力追古人，用笔工整有力，独具一格，但他不善书法，作品上大多数只落名款而很少题诗，这也是他的一个特点。“清代四僧”都是富于创新精神的画家，绘画不摹古，是其共同特点，但也各有所重。石谿的山水画喜用秃笔、干笔皴擦，用湿笔创作的画很少，这是其画作的特殊面貌。弘仁的山水画有墨笔和青绿设色的两种，有元倪瓒的痕迹，题材多为黄山风景，也有少数梅竹花卉。朱耷水墨写意以花鸟画居多，有少数山水画。他的画大多缘物抒情，常用象征手法表达寓意，主观成分较多。石涛绘画题材广泛，山水、人物、花卉都能画。他的画笔墨雄伟，奇气横溢，构图新奇，讲求气势，山有灵气，人有神气。这与他自辟蹊径的抱负是分不开的。

以个人风格为鉴定绘画的依据，首先要求鉴定者了解每个画家的艺术风格，最起码也要能说出他们的姓名、字、号、生卒年和作品的基本面貌。如果对这些知之甚少，以至连画家的名字都很生疏，要考察个人风格是无从谈起的。笔者在一些小型艺术品拍卖会上看到，有些参加竞买的收藏者和经营者只知当代某些大名头的作品，对近代画家的作品则不甚了了；或对近现代画家略知一二，对明清画家却茫然无知。这如何能谈得到鉴赏？又怎能指望自己买到的画升值呢？在一次拍卖会上，拍品中有清人陈汝玉山水大中堂、近人岳琼的指画花卉立轴、李居端的山水屏条，其实都是真品，只是由于买家不知这些作品的作者究竟是何人，大都无人问津，

竹院逢僧图
明·仇英 1543年作
水墨设色绢本 立轴

而对一些所谓大名头的仿品赝品却趋之若鹜，结果陈汝玉的大中堂仅卖到4000元，岳琼的指画卖了2000元，李居端的山水只卖了1000元，形成伪品成了热门、真品反成冷门的局面。其实这几个人都是有一定成就的画家。陈汝玉(1844—1911)，字白石，江苏东台人，善山水，出入“四王”。

山楼雨意
清·陈汝玉
纸本 立轴 作者收藏

山水
李居端
立轴 90cm×39cm 作者收藏

岳琼，字紫腴，四川人，久居北京，是位女画家，擅指画，所作山水花鸟，各极其妙。李居端(1898–？)，字研山，广东新会人，少嗜书画，从潘致中游，后自名家，曾任广州市立美术学校校长、广州国画研究会会员。因我对他们的生平和艺术略有所知，这几幅画最终被我购得。这无非是掌握名头多带给我的好处。刘光启先生曾对我讲："学习鉴定必须熟知书画家，在熟知的前提下才能考鉴他们的个人风格。"他十几岁在北京琉璃厂鉴古阁做学徒，一开始就背诵《中国人名大辞典》和《画史汇传》，一天背上10个名头。名头背多了，在头脑中形成印象，鉴定也就有所依傍了。所以刘先生鉴定书画时，看到一件作品，当场就能说出作者的生卒、籍贯、简历和艺术风格。哪怕是在画史上极不起眼的作者，他也有深刻的印象。反应如此之快，正得益于日常的苦心钻研。

在熟悉名头的基础上，还要把握每位画家的笔墨技法、艺术特征和内在气质。对于个人风格的认识，不能只着眼于作品的表面形式，而是要不仅知其然，还要知其所以然。要做到这一点，就必须把每个画家的个人风格吃深吃透。故宫博物院徐邦达先生是当今权威的文物鉴定家。他鉴定书画的眼力甚准，但他也说过这样的话："以古书画为师。"他早年买过假王原祁的画轴，从中吸取了教训，进而得出"多看实物，多作比较，以便逐步认清各个时代各个重要作家的作品的面貌"之深切体会。他不但自己收集古画，还结识了不少收藏家和古玩商，目鉴了古往今来的许多真迹或神品，还反复临摹原作，学习绘画技法，揣摩其中的精蕴，这样他才逐步从"吃"进假画的窘境中解脱出来，驰骋在书画鉴定的自由天地中。他在《我和书画

荷花鸳鸯图轴（真迹）
齐白石
设色 纸本
137.3cm×49.3cm

鉴定》一文中说："古书画的真伪，主要在笔墨的异同区别上，要熟悉这一点，依靠相片、影印本都不行。必须面对书画实物才能把一笔一划看得清楚。临摹更好，临一遍比看十遍更易理解原作和加深印象。"书画鉴定家张珩先生幼年学书画鉴定是从看字和学字入手的。他说："自从对写字的用笔有了门径，感到看字也能比较深入。从这里再引伸到看画，举一反三，对绘画用笔的迟速，用力的大小，以及笔锋的正侧等等也较易贯通。"他认为："一个不受个人爱好所局限的画家，在鉴定绘画时在某些地方要比不会画的人占便宜，就是因为他能掌握作画用笔的原故。"这就是说，真正领悟作品的微妙所在，准确地把握作品的个人风格，还需研究绘画理论，懂得艺术规律，如果有条件，最好掌握一定的绘画技法。这样在鉴定时才能抓住本质的东西，才不致被表面的描摹和故造的仿品蒙住双眼。有的人不善于把握作品的个人风格，把鉴定看成是一种与艺术毫不相干的单纯技术问题，以为背点条条框框就能解决问题，这是不切实际的想法。画家个人风格千差万别，绝不是靠条条框框就能套出来的。

一位画家一生的创作都有个总体的面貌，这是毫无疑问的。但是，一个人的艺术发展也有它的阶段性。对于作者的个人风格，既要看到它的总体面貌，也要对其各个创作阶段的不同特点进行全面、客观的分析，而不能将他某一阶段的艺术特色偏执地作为其一生作品的标尺去衡量他所有的作品。比如于非闇早年画过山水，而且他的山水画与他以后所画的工笔花鸟截然不同。他的书法早年学康有为，山水画的题款也有康书的味道，后来他改写瘦金体，花鸟画的款识也逐渐改为瘦金体。据此情况分析，每当看到题有康书味道“非厂于照”款识的山水画时，就不能武断地认为它不是于非闇的作品。心里装着这些，眼力自然就高出一些，当年我就曾以极少的钱买到一件于非闇早年的山水画作，这也算是“捡漏”吧！刘光启先生曾经对齐白石一生的绘画创作进行过详细的分析比较，因此他对齐白石的画作看得很准。他对我说：“有的人只窥知齐白石60多岁到70岁这段时间的艺术面貌，却不注重考察作者创作时的年岁，没有把握住他一生中艺术转变过程，见到他六七十岁时的作品就认为是真的，见到他三四十岁的作品就断为假的。我对齐白石作品，是看早年是什么样，也了解它中年是什么样，再研究它晚年又是什么样。我把他一生的绘画艺术特点及转变有机地联系起来看。齐白石早年的作品，有的人不认识，我驾驭了齐白石一生艺术变化和各个时期的绘画面貌，这样就可以作出正确的断定。因些，这些年来我鉴定了不少齐白石早、中年的作品。”可见，辨别画家的个人风格不能仅仅停留在他某一时期或某一类作品的特点上，只有全面、历史地看，才不会失之偏颇。

三、印章——辅助依据之一

前面提到，鉴定书画的主要依据是看作品的时代风格和个人风格。至于辅助依据，包罗面很广，常涉及到的是印章、纸绢、题跋、收藏印、著录、装潢。

先说印章。

印章具有“取信于人”的作用。我国书画家自宋代以来都有在作品上钤印的习惯，以此表示确属自己的创作。后来，篆刻形成一门独立的艺术，在画上钤印，与绘画作品相辉映，也能增强作品的艺术效果。由于印章的质地比较坚固，某一家的某些印章可以延续用若干年，甚至一生。有些画家虽然经常更换图章，但也是在数方或数十方之内选择使用；同时每个人使用的图章大多与他们的绘画风格相符，体现了不同作者的审美情趣和欣赏水平，也是有规律可循的。故以印章作为判断书画作品真伪的辅助条件，是有一定根据的。笔者曾见到一幅邹一桂的花卉册页，且不说它的风格和技法与邹一桂的作品有距离，从图章就能看出是伪造。因为册页的名章水平低劣，邹一桂不可能将这样的印章钤盖在自己的作品上；并且笔者查遍了有关历代书画家印鉴的资料，发现邹一桂从未有过这方印章。

每位画家在作品上钤印也有一定的规律，一幅作品如果有悖于这个画家的用印习惯就得打个问号。有人以 2002 年某大拍卖公司推出的重点作品朱耷（八大山人）的《月光饼子图》来说明印章在辨伪中的作用，便很有说服力。此画从构图及绘画技巧来看，当是八大的标准风格，但仔细分析即可断为赝品，其破绽恰出在题跋上首的印章上。这是一枚长方形白文“拾得”印。据现有资料，“拾得”这个名号最早是康熙己卯年（1699）才出现的，八大山人年谱载，“拾得”印章共有两方，一方为朱文长方形“拾得”印，一方为白文长方形“拾得”印。其中朱文“拾得”印始用于 1699 年，而这幅画的题款，清楚写着此图作于己巳年（1689），比记载的“拾得”朱文印早了 10 年，显然这是不可能的。后查明美国哈佛大学博物馆藏有一幅与此画构图完全一样的作品，连题款文字都一字不差。所不同的是美国那幅画的引首章是一枚“甘居偏檐”四字方形朱文印，摹刻十分困难。显然是作伪者摹刻了一方“拾得”朱文印钤在画面上的。以此断定，拍卖公司的这幅《月光饼子图》是照美国哈佛大学博物馆所藏真迹经重新组合而制成的。

印章本身比使用印章的画家寿命长。画家已故，如果印章还在，别人就可以将它钤盖在伪造的画上，于是“真印假画”也成了作伪的一种手段。新中国成立前上海有个画家得到一套戴熙的印章，利用它制作了大批假画。另外，印章也是可以伪造的。过去就有人专门制造名人印章，钤盖在伪造的画上，冒充大名头作品。尤其是现在，有人用复印扫描等方法制造假印，更使人真假难辨。此外锌版出现以后，翻

鹿图

清·八大山人

107.4cm×88.4cm

刻的印章可做到与真印丝毫不差，使印章在真伪鉴定中的作用有所降低。但不管怎样伪造，我们还是可以从中找出破绽。这需要从印章的风神、钤盖方式、印泥等方面综合分析。辨别绘画或书法都可采取这种综合分析的办法。

2007年春季某地的一次拍卖会上，我发现一幅康有为的书法横披，上书“峰峦盘郁”四字，落“书屏仁兄，康有为”款。钤印为白文“康有为印”。朱文印文是“维新百是，出亡十六年，三周大地，游遍四洲，经三十一国，行六十万里”。这是康有为在书法作品上经常钤盖的两方印。那方朱文印印文甚长，康将一生最重要的政治生涯概括到一印之中，然细观两印，前者还有些形似，后者就十分离谱，刀法软弱不说，印型也比原印小，因原印是4厘米见方，此印却小于原印，所用印泥亦露出新钤盖之迹象。康的真迹我见过不少，其钤印有的印泥泛油，有的已泛黑，明显看出老旧，这印章显然是克隆出来的，再观其书法，亦有描摹痕迹。钤印与书法相互印证，立即露出伪作的马脚。

印章也有时代风格和个人风格。鉴定者尤其要熟悉印章的发展史和各个时代各个画家所使用印章的基本风格。过去有的鉴赏家也有完全不相信印章的，认为它不起任何作用，这是不客观的。我个人认为，印章在绘画作品中绝不是孤立存在，而是与绘画作品本身相辅相通的。如前所述，印章的优劣也代表画家的艺术修养和艺术水平。印章粗俗不堪，匠气十足，从绘画的钤印中就能看出作者根本不懂艺术，这样的作品是真是假，可想而知。

山水

清·李曈曦

拍者因不识“二聃”，误认为“二朋”，但从印章可知为李曈曦之作。

作者收藏

辨别绘画年代与真伪，还要了解印色的规律。印章最早使用的是蜜印，用蜜打印章，浅红色。蜜印时间久了会褪色，在太阳底下隐隐绰绰只能看到印的痕迹，需要用高倍显微镜才能看得出来。到了元代，有很多印章都是水印，水红色。明代早期仍然是水印，明成化以后，文徵明、沈周画作上的印色开始变红了。但这些印章保留到现在，印色也变了。水印之后是漳印，漳丹是一种颜料，浅红色。再之后才是印泥。

印章实为篆刻作品，我认为，藏家以钤印鉴定绘画，重点是能迅速准确地辨认篆字。因不识篆字辨不清印文，藏家或拍卖行将作品作者搞错的事时有发生。几年前某地一场拍卖，将一幅宽 103 厘米、长 52 厘米的山水画，作者标为“二朋”，底价 2000 元。画者以浅绛法绘湖光山色，笔墨沉静，气韵古雅，上题仄韵七绝一首：“秋潮夜落共江渚，晓树漓漓含宿雨。伊轧中喧闻橹声，卧听渔父隔烟语。”但查遍所有书画家辞典就是找不到画作者“二朋”，故多数买家只将其视为无名之辈而不屑一顾。其实，此画作者是一位叫李曈曦的画家。

李曈曦活跃于清朝末年，字二聃。其父李竹坡、其兄李澂浠与二聃本人都是京津一带的知名画家。二聃善画山水，书法亦佳。与著名画家张兆祥友善，尝同窗几作指画，张公指画松芝竹石，二聃指画山水，作《富春山色图》，写成互视，相与大笑，如东坡、南宫对几挥笔时兴致，真疑座上有春风也。李曈曦的这幅山水钤有白文“臣曈曦印”，是拍卖公司工作人员不识印章的篆字，又将落款“二聃”误认为“二朋”，遂将作者的名字标错。此画我以底价购得，无疑是捡了个便宜，也当是我认得印章印文的一种回报。

识篆是鉴定书画的基本功，对此我有深刻体验。我认为认识篆字需要长期积累，研读汉代许慎的《说文解字》，了解我国的造字法，要在识别印章印文中逐步学习，对照《说文》边学边提高，把握好部首，看多了，找出规律，认识的篆字自然就多，最终如同认楷书那样轻松。

江干钓叟得鱼还
清·李石君
指画　水墨纸本 129cm×64cm
作者收藏
从印章可大体判断其作者与年代。

四、纸绢——辅助依据之二

画作凭借纸绢而存在，纸绢对鉴定之重自不待言。不同纸绢，有不同的特点。在不同的纸绢上作画，便出现不同的效果。画家各有他们喜用的纸绢，以期能更好地表达他们的艺术特点。从大的方面说，设色工笔画用绢较多，水墨写意画用纸较多。明代沈周、文徵明等喜用生纸作写意画，是因其渲染渗化效果好。清初“四王”、朱耷、石涛，以及“扬州八怪”也喜用生纸，一是时尚所致，另一方面画面效果好，且能使个性得到较好发挥。近现代写意画家画山水花卉大都使用生宣，因为生宣才能表现水墨淋漓的气势；而从事工笔画创作的则大都使用熟宣，因为熟宣才能体现

渔乡小景图
清・顾符稹
设色绢本 立轴 52cm×57cm 作者收藏

山水
清・邮悌
设色纸本
从纸即可大体判断其年代 作者收藏

秋阶艳卉（真品）
清・张熊　1885 年作
设色纸本　立轴　38.5cm×77cm
钤印：张熊之印

工笔画的特点。天津画家梁崎从事指画创作也用熟宣，他认为用指头画的点、线，只有在熟宣上才能出效果。

除了画家的使用习惯不同，纸绢还受到时代、地区的局限。各个时代和地区，纸绢的品质、质地、性能及制造方法各有不同，因此不同时代、不同地区的画家使用的纸绢也存在差异。鉴定者一定要了解我国传统绘画使用纸绢的发展情况，对于何时出现何种纸绢、何时经常用何种纸绢、同一种纸绢在不同时期有何变化等，要心中有数。以纸而言，北宋时已有砑花纸、高丽笺纸和粉笺纸等。宋代的藏经纸有米黄色、白色和虎皮信纸三种颜色，不少画家爱用此纸，或用作手卷的引首纸，直至明、清还有人用这种纸。元代用纸与宋代大致相同，只是纸的质量有所提高。明代用纸沿袭宋、元习惯，多用半熟纸。生纸出现在明早中期，沈周等人的书画作品中可见，直到明正德、嘉靖至清康熙年间，随着徐渭、石涛、朱耷等人的写意泼墨画的盛行，生纸才逐渐流行。明宣德时还有“宣德笺”，质地洁白细腻，能表现笔墨神采，直至明末、清初尚有许多画家使用。用金笺纸作画，约始见于明成化以后，初有块金和洒金，后有用极稀极小的金箔洒在制熟素笺上的。纸扇面、折扇多用带粉的纸。明代多用金扇面（泥金或洒金）。白纸素扇面是明末清初才出现的。清代雍正、乾隆年间的画家大多使用白纸扇面。粉笺纸和蜡笺纸在清康熙至嘉庆年间大量出现，这种笺纸有素面和描金银花纹的。刘墉、黄易、梁同书多用此纸。

纸绢是可以用来断代的。有的纸绢在

花鸟（仿品）
清·张熊
纸本 镜心 86cm×38cm
镜心纸本 从纸上看即可断为仿品。

一个时期使用过，后来便不再使用，鉴定者可以从古代的纸绢中找到时代的依据。但有些纸绢可以流传到后代，后人有可能用前代的纸绢来作画。所以有人说，用纸绢断代只能断前，不断后。天津画家霍春阳先生就常用旧纸作画，但这绝不是故意作伪，而是为了取得绘画作品的效果，追求一种古香古色。有的却是利用旧的时代留下的纸绢作画，落上前代大家的名款，这属于作伪伎俩。现在有的人专门收买旧纸绢，便是用它来制造赝品，欺骗买家。也有的在新的纸绢或年代较晚的纸绢上作旧，用来炮制假画。如果有一件作品是染旧的新绢，却署上唐寅的名款，那么无需考虑其他方面，仅此一点就可以肯定它是伪品了。因为古人是绝对不可能用后代的

溪山庭院
清·秦炳文
水墨纸本 立轴
25cm×20.5cm 作者收藏

纸绢来作画的。

纸绢的作旧和原旧是能够区别的。作旧不外用颜料、脏水染（直染法）和油烟熏（熏染法）等方法，但作旧易产生痕迹，或颜色分布不均匀，或产生一种味道，且不易消除火气，无自然老化的那种沉着和自然。鉴者可用看、闻、对、照的方法加以分辨。

确定纸绢是否作旧还可用检验“包浆”加以断定。年代久远的绘画作品，其表面都有一种古色古香、沁人心脾的光感，如仔细审视，其色墨无论深浅如何，都没有火气，让人感到墨色沉着，深入肌理，这就是行家所说的“包浆”。年代更久远的画在装裱时经常在覆背上打蜡防潮，特别是绢画在展卷过程中，画面与卷子的裱背经常摩擦，蜡在卷画过程中也会影响到画芯，时间一长在画面和装裱绫边上更会出现一种“包浆亮光”。

“包浆”是一种自然均匀的光泽，即使是清代、民国的作品也会产生与新品不同的感觉，这种对“包浆”的感觉是在多看多摸多比较中领悟到的。

以“包浆”断真伪也是中国画收藏者时常遇到的。在一次拍卖会上，我见到一幅清人张熊（1803—1886）的花鸟横披，设色纸本，画面看起来似很有生机，款曰：“最是渔郎停棹处，不知仙岛不知春。鸳湖六十九叟，子祥氏写。”推算一下，张熊69岁那年应是清同治十一年即公元1872年，距今约140年，但观其纸，虽略泛黄色，但纸面发糠，用手触摸，感觉生涩如新，并无百年老画发自肌理的古旧光泽，显然是新纸作旧。史载，张祥画花卉有王忘庵之古媚，山水力追“四王吴恽”；书宗黄庭坚，间写隶书，朴茂充满古气。细看此画，笔墨全无古气，款题软弱，不见一点豪放之笔。纸是新纸，画是新画，两相印证，此作是真是假，不言自明。

五、题跋——辅助依据之三

题跋可分三类：作者的题跋，同时代人的题跋，后人的题跋。某件绘画的题跋虽然也有对这件作品加以否定的，但为数极少。最多的是为了说明这件作品的创作过程、收藏关系，或考证它的真、褒扬它的美。于是有许多作品仗着题跋而增加了后人对它的信任。题跋的正面作用，是人所共知的。

山水（仿品）
俞剑华
立轴 90cm×50cm
款题是从别的作品上“克隆”出来的

绘画既有伪作，题跋也同样有多种作伪情况。近人寿石工和宋君芳是一对夫妇，二人常合作，夫人画画，丈夫题跋。作伪者竟打起了这二位的主意。笔者曾见到一幅宋君芳画的鹌鹑，画面上配有寿石工的题跋，画欠佳，跋也拙劣，这是假画配假跋，无非是想用假跋为假画“作证”，证明这画是真迹。实际上，伪画配以别人的伪跋或伪画配以别人的真跋，并不少见。

假画落上真名款或在此一作品落上彼一名家名款的情况，也是屡见不鲜。据说吴昌硕作画喜欢一批一批地画，上午画完画放在地上，午睡以后再题诗添款，别人有时把画好的画拿走了，用假的顶替，老先生乍起床，未加思索就题了款。如果说吴的情况属于特殊一例，那么在他人之作随手添加名家款的伪作却是相当普遍的。知情人都知道，现今书画市场出售的大名头作品，有不少是用无款旧画添加名家款的赝品。作伪者看到一件无款作品与某一大家风格类似，便添上某大家名款。或者将小名头的名款去掉，添上大名头的名款，既是旧作，又是老裱，使人深信不疑。因此，无论是对他人题跋，还是作者题跋，均不可完全不信，也不可盲目相信，应从文辞、书写特点，以及墨色与原作是否相符等多方面进行严格的辨析。

2010年春，在一次拍卖会上我见到一幅伏文彦画的青绿山水，画的左上方有汪亚尘的题诗：“诘屋石崖中，云深鸟道封。何年重访旧，二十六奇峰。”落款“伏文彦画，亚尘题”。画的上面有诗堂，也是汪亚尘的题跋。伏文彦是上海画家，尤擅山水，青绿、水墨俱佳。所作面貌多样，时出新意。他1938年入上海新华艺术专科学校艺教系学习中西绘画和音乐，校长汪亚尘收其为入室弟子，并介绍其参加中国画会，毕业后留校任教。1946年师事张大千，拜入大风堂之门。从整个作品来看，伏画和汪跋都很精到，而且相契相合，显现出二人亲密的师生关系，是汪、伏合力之作。此画一亮相就被我相中，经过几个回合的较量，我最终以数千元的价钱购得。在这件作品中，题跋的内容、书写及墨色均与原作相符，为断定画的真伪起到了正面作用。

在中国画作伪的恶浪中，真跋被“克隆”而与假画相匹配的情况屡屡出现，现已成为困扰买家令人头痛的大问题。笔者仅举一例即可看出这种“移花接木”的伎俩。

众所周知，近现代，从山东走出去的画家中，俞剑华（1895–1979）是出色的一位。他在中国美术史方面的研究，尤其是对绘画史的研究，堪称大师。俞氏的花卉得其师陈师曾真传。山水画早年学石涛，后参以写生，此人“读万卷书，行万里路；画万幅画，写万帙言”（刘海粟语），其作品所蕴涵的文化底蕴非一般俗手所能企及。一次拍卖会预展中，我见到一幅署名俞剑华的山水画，画的整体面貌似有“四王”味道，其上题诗一首：“松子藤花坠

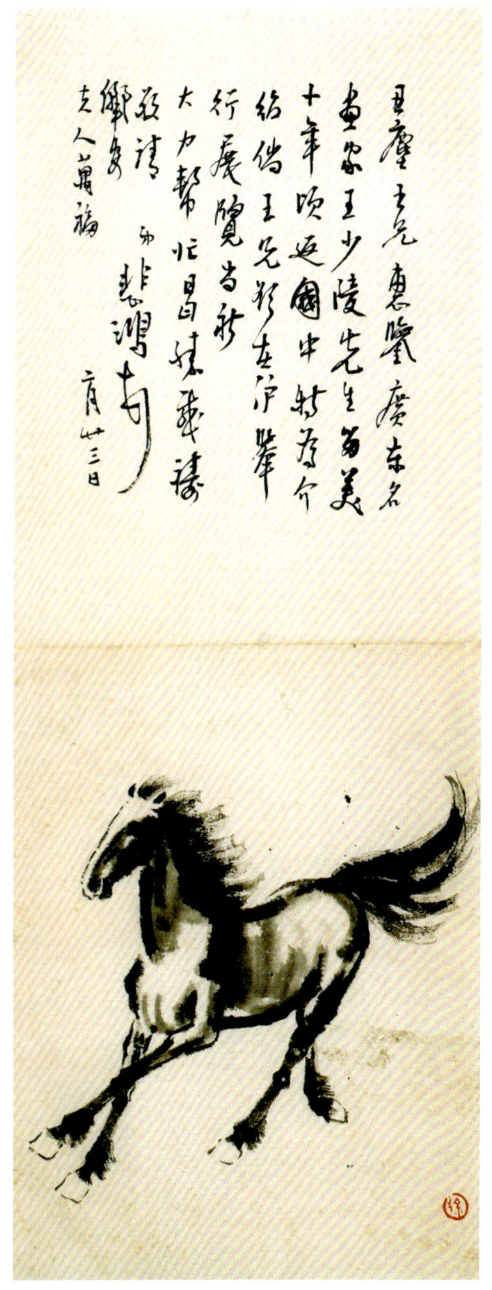

奔马

徐悲鸿

水墨纸本 66cm×25cm

1935 年王少陵在香港创作大型壁画《凤凰》期间与徐悲鸿结识，彼此都被对方的人格魅力和高超的绘画技艺所折服，常在一起探讨人生感悟。1974 年王少陵于南京中央大学艺术系举办个人画展，并受聘为艺术系教授，南京展览结束后王少陵准备下一站上海个展。著名画家汪亚尘此时正任教于上海美专，徐悲鸿便托汪氏于沪上代为帮忙把王少陵画展办好，并赠画作一幅。半年后汪氏即游学于海外达 37 年之久。后回国定居上海，直至去世。徐悲鸿大师在此画上部题跋中记载了这半个世纪前的感人趣事，同时也让我们后来人通过此画读懂了大师的人品与画品。

题记曰：亚尘吾兄惠鉴，广东名画家王少陵先生留美十年，顷返国中，特为介绍，倘吾兄欲在沪举行展览尚新，大力帮忙，昌怀及祷，敬请纳安，夫人万福。弟悲鸿顿首二月廿三日。

石栏，竹堂云气昼漫漫。不须坐看峨嵋雪，瀑布空山六月寒。”落款“卅三年，俞剑华客闽作”。我将此画的款识与《海上画派》一书所刊俞氏山水作品的款识两相对照，发现二者不仅内容相同，各个字的位置、笔画的粗细长短也几乎没有差别，而它们的构图却又完全不同。《海上画派》上的画确有“松子藤花坠石栏”及“竹堂”、“瀑布”等景物，且有大涤子遗风，而这幅画则无诗中所言之物，画风也与俞氏不符。再仔细观款识字迹，虽很相像，但缺少一种潇洒与流畅。据此即可断定，那款是由《海上画派》里的画“克隆”出来而硬加在假画之上的。

添加伪款伪跋，好像天衣无缝，让人难以断定，但有一点却是无法掩盖，那就是书写的气韵和风神，用句通俗的话讲，“伪作的假款怎么看也是现代人写的字”。这是为什么？我以为有三个原因：其一，以往的画家不管大小名头，大都书法功底深厚，而且其书各有所宗，或胎息汉魏，或取法二王；今人心情浮躁，多未在书法上下过苦功，纵然仿得再像，也体现不出他们的味道，更展示不出他们那扎实的功力。其二，旧时代凡画家均具备一定的文化底蕴，从其题款上也能看出他们的精神世界；今人所处环境与旧时大不相同，无论如何心追手摹也难以写出他们内在的气质和书法的行气。其三，以前人写字不仅有其特定的习惯和风范，而且某些字的写法也与今天不同，如习惯用通假字或根据《说文》写出与今日写法完全不同的字；现今极少有人掌握这些，往往在伪造款题的个别字上露出马脚。

六、收藏印——辅助依据之四

收藏印对绘画鉴定也是有帮助的。许多著名的画，收藏印章很多。如果我们将一幅作品上的收藏印按时代顺序排列一下，就能大概看出它的流传过程。这也就是通常所说的“流传有绪”。有的收藏家具有一定的鉴定水平，他所钤盖的收藏印，作为鉴定的辅证，可靠性就比较大一些；有的收藏家毫无鉴定经验，他所钤盖的收藏印，作为鉴定的辅证，所起的作用就很小，有的甚至只能起到保证作品的时代下限的作用。

对于收藏印在鉴定书画中的辅证作

鸟鸣秋树图

华嵒

设色纸本 立轴 133.5cm×48cm

钤印：华嵒、秋岳

鉴藏印：季子所藏、听帆楼藏、岳雪楼记、少唐心赏、畊梅心赏、冠五珍藏、田溪书屋、怀民珍秘、集兰斋鉴藏、唐云审定

题识：鸟鸣秋树枝。新罗山人写于解弢馆。

唐云题签：1．华秋岳鸟鸣秋树图真迹。钤印：唐云审定　2．华秋岳鸟鸣秋树图。一九七九年冬，老药。钤印：药翁

RMB: 700,000—900,000

此图写画眉鸣于高枝，昂首、张喙、敛羽、挺腿，全然是引吭久了，全身都处于专注的紧张状态。枫叶数点，湖石一拳，红绿相间，简约却不空寂。此图曾经嘉道间名收藏家孔广陶、潘正炜、许冠五及近人周怀民、唐云递藏，是流传有绪、保存完美的真迹佳作。

用，国家文物鉴定委员会委员刘光启在其自述中说："我们搞书画鉴定，要依靠书画本身的辅助依据，比如收藏家的鉴定。这就需要我们了解收藏家的收藏特点，如有的收藏家专门收藏明、清书画，有的专门收藏近代绘画，有的专门收藏某一家的书画。收藏印章，是经过收藏家鉴定之后盖在书画作品上的（不排除假借收藏家印章），不熟悉收藏家的情况，就难以掌握对收藏印章的分析运用。"刘光启特别讲到了他鉴定《濠梁秋水图》的体会。

《濠梁秋水图》是宋代著名画家李唐的绘画作品，现藏于天津博物馆。这幅画是刘光启在天津文物公司艺林阁工作时经手购置的，至今记忆犹新。一天，一位七十多岁的老先生，拿着

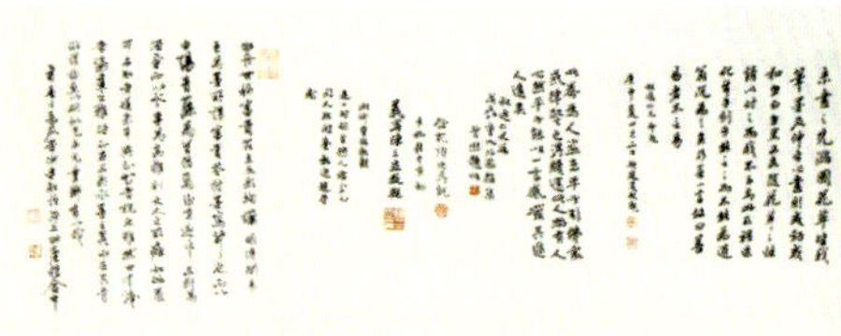

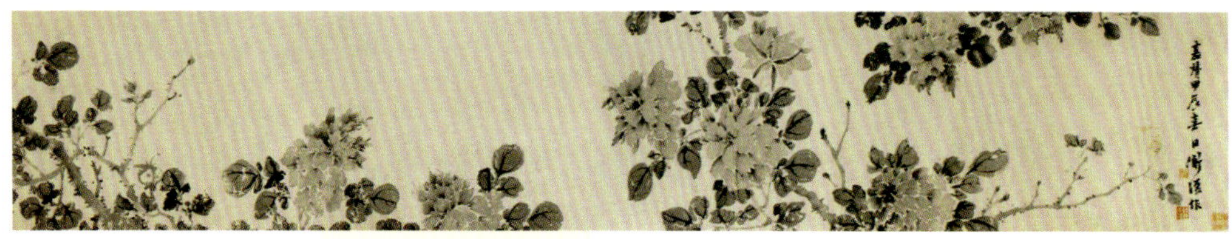

洛阳牡丹园
陈道复
36 319cm
水墨纸本手卷
曾熙、陈三立、夏敬观、褚德彝、徐建融题跋

这个手卷给他看，他一看这个手卷没有款，后边是范允临题，他在题跋中提到了李唐。当时他认为这幅画很好，就买下来归到他负责的库房，随后，他查阅许多相关资料，对这幅画作了深入研究。

《濠梁秋水图》画意出自《庄子·秋水篇》，用篇首“秋水时至，百川灌河”之“秋水”二字作篇首。前半部分写河神与北海海神的对话，后半部分为六个寓言故事。“濠梁”即取自其中的一个寓言故事：“庄子与惠子游于濠梁之上。”濠，指安徽凤阳之濠水；梁，桥梁，记庄子与惠子在濠水桥上的一段对话。《濠梁秋水图》中的人物恰好反映了这一情节。

从鉴定角度看《濠梁秋水图》，刘光启先生从两个方面进行分析，一是范允临（1558—1641）的题跋；二是大收藏家的鉴定。这件作品，没有款，我们不知道是李唐所画，但是经过范允临的看、断和鉴定、题跋，对它已经下了定义。在这幅作品上，有四大收藏家的印章，对今天的鉴定有很大帮助。这四大收藏家印是：明代著名收藏家安国的“桂坡书画印”；明代著名收藏家项元汴的印章“虚浪斋”、“子京父印”（“父”同“甫”）、“檇李项氏世家宝玩”、“项墨林鉴赏章”、“墨林父”、“子孙世昌”、“退密”、“宫保世家”、“项叔子”等；明末清初鉴藏家梁清标的“蕉林无恙”印章；清初著名鉴藏家宋牧仲的“宋荦审定”印章。刘光启说：“当时我就是冲着这几大收藏家的印章买的这件作品，同时也是借助这全身的披挂以及对其外观等方面进行研究分析后，确定这是李唐的作品。从某种意义上说，是这四个大收藏家把这件作品成全起来的，这就是后人对收藏家的运用。因此需要我们把收藏家的印章都释过来，记住他们最得意的印章。这件作品项子京是用《千字文》中的字做的编号，在他的收藏中，被列为一等品里的乙，还算不上甲，但是从他打的印章来看，这件作品已经是很不错了。”

收藏印也存在着作伪问题。有的是原收藏印流传下来而被后人所利用，这种情况很少。大多数假画，收藏印根本就不是真的，而是后人翻刻的。像项元汴的“天籁阁”、“槜李”等图章，已不知被人翻刻过多少次了。所以收藏印在鉴定中只能作为参考。有些钤有收藏印的画未必就是真品，有些未有收藏印的画也可能是真品。

收藏印的伪造方法与名号印等伪造方法是一样的，我在辅助依据之二“印章”一节已略有涉及，这里再作一下补充说明。

归纳起来，伪印大致有三种情况：一曰仿刻。依照原印之大小，字形、字义，仿刻而成。故风格、章法都极类似，有些甚至可以乱真。但是仔细比对，必可看出破绽。二曰杜造。凭空想象，或凭印象，径自造作的，此种印一般而言，手法较拙劣，且风格、章法均不相同，故较易辨认。三曰锌版。锌版印可将原印一模一样地予以复制，但是，锌版印是用化学药品浸蚀锌版而成，故其线条纹路不流利自然，与刀刻石材之利落整齐，所谓“金石气”之味略有不同。不过，近来发现一些高明的锌版印，可谓惟妙惟肖。电脑制作仿印尤其得心应手，不但能分毫不差地把印文移

双马
赵时㭎
立轴 112cm×38cm
上有三枚鉴藏印
作者收藏

置下来，而且还可以用电脑来刻制于石头等材料上，再用印泥钤盖。不仔细辨认，极容易走眼。

收藏印的位置一般是由下盖到上，按时间的顺序排列，随着时间的推移，越来越靠上。要注意各时期、各收藏者不同风格的收藏印，印章大小和印泥颜色。特别是印泥色，越往后走颜色越新鲜。现在有些画店里出售的画，收藏印累累，其实正是以“拉大旗作虎皮”的伎俩来唬人蒙人。那些收藏印一看就知是假的。且不说印章镌刻的水平如何，就连印泥质地颜色都和作者名章所用印泥的质地颜色相同，这说明那收藏印也是和那假画一块儿伪造出来的。

七、著录——辅助依据之五

对收藏或看到过的书画作品进行文字记录，叫作书画著录；将这种文字记录编辑成专门的书册，叫作书画著录书。书画著录书种类不一。有的是专门记录宫廷内府收藏的，如赵佶的《宣和书谱》、《宣和画谱》，弘历的《石渠宝笈》；有的是记录个人的收藏，如安岐的《墨缘汇观》（其中只少数是记载他人所藏）；有的是看到和经手他人所藏而作的记录，如郁逢庆的《书画题跋记》、吴其贞的《书画记》、顾复的《平生壮观》等。有的收藏家虽然收藏宏富，但未有著录传下来，如大名鼎鼎的项元汴、梁清标即是。著录书的作者，多数在鉴定上下过一番功夫，虽难免有误，但很多是正确的，值得学习参考以丰富我们的鉴定经验。

上过著录（也包括现代出版的具有权威性的书籍和画集）的作品，因其流传有绪并具备一定可信度，故在艺术品市场备受追捧，价位也超乎寻常。2009 年 10 月 18 日，清代宫廷画家徐扬的《平定西域献俘礼图》手卷以 1.34 亿元的惊人之价在北京成交，中国书画何时能达到亿万的悬念由此破解，这幅画便是《石渠宝笈》有明确记载的作品。同年 12 月 14 日北京匡时推出的华新罗的名作《明妃出塞图》被《中国古代书画图目》、《中国绘画全集》、《扬州画派绘画全集——华喦》等多本画集收录。转年中国嘉德推出《石渠宝笈》著录的南宋画作《宋人四猎骑图》、收录于《石渠宝笈三编》的明郭诩画《朱文公像》等，均被认为是流传有绪的经典之作，在拍卖中也都取得了不俗的成绩。

宫乐图

未署作者名款

《石渠宝笈续编》及初版《故宫书画录》中，均按原签定为元人画，《故宫书画录》再版时，依从学者之见，改定成五代人所画。然近年研究，《宫乐图》中，举凡人物开脸、服饰、乐器及什物等，莫不与晚唐时尚相侔，故新版之《故宫书画图录》更名为《唐人宫乐图》。图绘后宫女眷十二人环案适坐，或品茗，或行酒令；中四人，并吹乐助兴；侍立的两人中，复有一女击打拍板，以为节奏，其余众人坐听，状至闲适。

著录书固然有用，但也不能盲目相信。清代晚期，在某些鉴藏家中流行着一种迷信著录的风气，认为它是鉴定真伪的主要依据，这显然是不对的。因为收藏家不管他有多么优越的条件和多高的眼力，终不免有局限性。宋徽宗赵佶鉴定力算高的了，可是有些收入《宣和画谱》认为是真迹的古画，今天看来实际上也是摹本。清初孙承泽也负精鉴之名，而《庚子消夏记》中亦颇多疏失，不可尽信。高士奇的《江村消夏录》更甚。著录书中最为荒唐的莫过于明张泰阶的《宝绘录》，所收全部为伪作。清末杜瑞联的《古芬阁书画记》更是骇人听闻，汉魏晋唐大家，竟应有尽有，我们一看名头，便可知绝非真品。这些著录更不值一顾了。

著录也常被作伪者所利用。假手往往按著录的记载或照某画集的真品“做”出一件冒充“见于著录”的真品。这样的情况，古代即有，现今依然继续泛滥。近几年，《石渠宝笈》著录作品的赝品即亮相于拍场，其中绝大多数是晚清、民国专门造的假《石渠宝笈》著录作品。盛极之下，鱼目混珠现象自然难免。

更值得注意的是，有些人利用出版物作伪。在一般藏者看来，出版物比较严肃，可靠性权威性较高，著名出版社的图录更是应该如此。但是利用出版物作伪，在绘画收藏圈子内早已不再是秘密。造假者通常在介绍著名画家的书籍中插入一些伪作，有的是个人出资出书，将自己的赝品送交没眼力的拍卖会，借拍卖图录以行骗，引诱那些按图索骥的收藏者受骗。面对鱼龙混杂的种种情况，我们的原则依然是：既相信又不相信。相信或者不相信主要取决于作品本身，出版物只能作为参考，这和“买古玩不听故事”是一个道理，关键

是别人讲的、书上登的与眼前的东西能否对上号。有个低级拍卖行煞费心机，不知从哪里张罗来一批画，这些画均标明出自哪本图册，甚至将图册亮出，让买家将画作与画册对照。其实聪明的买家个个心知肚明，图册里收入的就是假的，画又怎能是真的呢？卖家苦心设计，买家并不理会，拍品大部溜拍，拍卖行只落得个“竹篮打水一场空”。还有一种情况，图册里的画是真的，卖家是照图册里的画仿的，如此画作，拍卖行也标出见于某书某图册，因两者差距太大，这就更容易露出马脚了。

黄海归来步步云

张大千　癸酉年(1933)作
设色纸本 立轴　117.8cm×48.8cm
钤印：摩登戒体、大千无恙
题识：黄海归来步步云，此梅村祭酒题小宛画象句也，癸酉嘉平蜀人张大千写于吴门。
RMB：800,000-1,200,000

题位于画面右侧偏下，题下小字两行：“此梅村祭酒题小宛画象句也。癸酉嘉平蜀人张大千写于吴门。”癸酉年，系1933年。钤白文方印“大千无恙”。画面右侧偏下钤朱文长方印“摩登戒体”。

八、装潢——辅助依据之六

装潢与绘画本身的关系较为间接一些，但有时也可作为鉴定绘画的有力佐证。绘画作品因时代早晚不同，装潢所用的锦、绫、绢、纸均不同，锦、绫的花纹、图案、颜色也不同，装潢的格式也有差异。这些就是利用装潢作为辅证的依据。掌握了各个时代装潢的格式与质料的特点，对于鉴定工作能起到一定的辅助作用。展子虔《游春图》大家公认是真迹，但画上无款，隋代又无第二件卷轴画传世，缺少可资比较的材料，时代风格只能从唐画向上追溯，个人风格则更无从印证。所以鉴定此卷，只好依靠题跋、收藏著录及装潢。《游春图》卷首有赵佶题鉴，又是“宣和装”，几项辅助依据为鉴定提供了有力的佐证，而装潢正是其中之一。

装潢如此重要，人们在购藏中国画时常常以此来判断画的时代和真伪，起码旧的装潢能反映作品属旧时之物。因此，不少人在拍卖会或画店买画时，对旧裱工比较相信，认为旧裱的画作假的成分相对少些。作为经验之谈，自有它的道理。然而，我们对旧裱工也不能百分之百地相信。正是因为人们倚重旧裱工，作伪者也在这个问题上大作手脚，利用装潢来招摇过市。

2001 年，在一个小型拍卖会上，一幅清人蒲华的水墨山水立轴亮相其中。画面为古木寒泉，装潢全然是清代旧裱，

溪山春霁

清・弘仁

立轴 142.6cm×56cm

人物
佚名
设色绫本 立轴 旧裱 107cm×40cm

乍看起来，画芯与裱工天衣无缝。可仔细观察，又发现画芯与装裱结合不紧，有的地方略有缝隙，遂使人产生怀疑。看过预展，我翻开《蒲华书画集》，才发现此画与蒲华的一幅真迹大致相同，但又无真迹那种雄健的笔力和奇崛的气象。由此我断定，蒲华的画实为仿造的伪本，作伪者将伪本嵌裱在“老裱”之上，使“大名头”和“旧裱工”兼而有之，以此吸引那些急于购买名人作品的收藏者。由此可见，只凭装潢而不详审其他依据鉴定书画，是难免要上当的。

据笔者所知，现在有些制造假画的人之所以大量收购旧画，并不是看重其作品的内容和水平，而是要它的旧“包装”，行话管这种旧“包装”叫“老套子”（也有叫“棺材板”的）。如今搞这种假货的人专门搜罗“老套子”，为的是用“老套子”装新伪作，按今天的行情，完整一点的“老套子”（全绫裱）一件能卖到一两千元至四五千元不等。作为投资收藏者，又得长个心眼儿，对这种“旧瓶装新酒”的“老套子”也要加紧提防。

根据上述事实与分析可以得知，在中国画鉴定中，主要依据和辅助依据的每一项都不是孤立的，而是相辅相成、互有联系的。在一般情况下，鉴定一件作品首先看它的时代风格，再看个人风格，然后再看各项辅助条件。时代风格和个人风格是确定绘画时代与真伪的主要标志。但是当一件作品缺乏时代风格和个人风格的可比资料，或这方面的依据不足时，题跋、纸绢、收藏印、装潢等辅助条件也可能起主要作用。张珩先生在谈到自己的鉴定体会时说："最古的作品和近代、现代的作品都比较难鉴定。前者因传下来的东西少，无从比较。后者因时代太近，如是伪作，一定出于当代人之手，时代风格和真迹原无二致，甚至连辅助条件也不复存在，只能就个人风格这一项作出判断。依据少了，困难就相对增加了。"看来鉴定中国画必须根据具体情况进行具体分析，方法和依据都应灵活运用。如果情况发生矛盾或问题比较复杂，则应抓住它主要的、起决定作用的东西，不要被一些次要的表面现象所迷惑。只有这样，问题才能最后得到合理的解决。

九、目鉴与考证

随着现代科学技术的发展与进步，在考古学中已利用科学仪器来测定文物的年代，如陶瓷、青铜等，但不适用于书画。书画时代相距今天较近，时距难以准确测定，即使能够断代，也不可能断人，或分辨出同时代的真品与伪作。

书画鉴定，与收藏和作伪同步，也有上千年的历史，并逐步积累经验，形成了传统的鉴定方法，即"目鉴"和"考证"两种。就现今而言，"目鉴"和"考证"仍然是鉴定中国画行之有效的主要方法。

所谓目鉴，就是鉴定者用眼睛去审视分析作品。在审视用笔用墨的个性特点中感悟被鉴定对象所反映出来的时代风格与个人风格，以及与此相关的印章、款识、纸张、装裱形制等，若得出与作者实际情况相一致的结论，便为真；相反的，便为伪。

目鉴是视觉观察，比较某一类作品的艺术特征，并判识其真伪。但视觉观察并不简单，它需要多年积累的经验作基础。以往古玩行有句话，叫做"只可意会，不可言传"，未免夸大其词。然而，真正的"意会"或许正是从实践得出的规律性东西。新中国成立后有不少大鉴定家在旧社会都是画店的学徒，他们鉴定书画的眼力很大程度上得之于他们与各种绘画作品的频繁接触。

目鉴必须静下心来，甚至屏往呼吸，深入肌理地看，尤其是在假画盛行的时代，

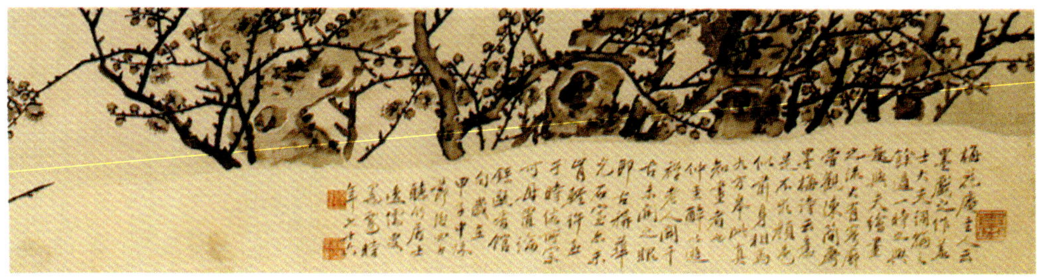

梅花
清·黄柏
168cm×22cm 作者收藏

看东西万万不可心浮气躁，马马虎虎必定上当。根据本人实际体会，借用中医诊断病患的方法，我将鉴画的这种直观观察总结为“望”、“闻”、“问”、“切”。“望”就是从不同的角度去看，从上到下地看，包括画芯、装裱，甚至天地杆，画的背画，新旧状况，连卷轴画、手卷的包首、画绳都要看，在看的基础上进行综合分析，找出判断新旧真伪的种种蛛丝马迹。“闻”是用鼻子闻气味。包括作品的整体气味，画芯的墨味，装裱有什么味儿，都要闻。这种做法听起来可笑，实际上很有效，并且必不可少。有些作品的真伪年代还真就是用鼻子闻出来的。比如有些所谓旧画，上面的墨汁的味儿都没褪掉，立马就可断为新仿；有些旧画，常散发出旧樟脑的陈年老味，结合作品本身的原装旧裱，这样的东西大都八九不离十是真迹。“问”是向卖家和拍卖公司的工作人员发问，询问作品的来历，并观察对方的表情。尤其是对一件作品产生兴趣有购买的愿望时，这个环节尤其重要。“切”是用手触摸。触摸画芯可以直接感觉出画的新旧（老画大多光润，新画大多发涩），触摸用纸用色可以判断出仿制的旧画是否用了机制宣纸、化学颜料，触摸裱工可以大体判断出作品的年代。“望”、“闻”、“问”、“切”结合起来运用，目鉴的可靠程度就会大些。

所谓考证，便是鉴定者通过被鉴定作品中所表现的题材内容、服饰等所反映的社会制度，以及题款内容的年代、关系等某些因素，以此与作者实际情况相比较。两者相符，可能为真；不相符的，可能为伪。

考证一般是通过翻检文献并借助于各

种文史知识来判别年代真伪。有时这种方法能起到十分关键的作用。如张大千藏《湘江风雨图》，曾影印于《大风堂名迹》第一集中。上有“今年予上京师，与友携酒追而送别于鹿城之南，乘兴一挥而就，但愧用笔不精而情谊则蔼然出，时正统丙寅岁（十一年，1446 年）秋七月望后一日，东吴夏昶仲昭识”。钤朱文“东吴夏昶仲昭图书印”、“太常卿图书”等印。另北京文物研究所存一卷，画法款题印记和张氏藏本完全一样。画在生纸，而末尾题识处纸色拖浆煮熟。细看两卷画笔均欠沉着，款字略有文徵明法派，完全是一手之作。再拿夏画真迹中题记印校勘，乃知正统十一年丙寅（1446）夏氏还在吏部考功习，而他官太常卿，则要到天顺至成化五年乙丑（约 1457 —1469）间，不可能正统中已用“太常卿图书”的印章，因此肯定这两卷就是明代中期人凭空仿造的伪本。

长沙图
齐白石
92.5cm×52.8cm
RMB：1,650,000
中国嘉德 2006 年秋拍会成交

在书画鉴定中，目鉴与考证是相辅相成的，而且具体到某一作品上，两者也可有所侧重地加以运用。当目鉴过程中比较条件不足时，考证就可能起主要作用；而考证中文献缺乏时，通过目鉴观察作品本身的特点，便成了主要的方法。只有将两种方法融会贯通，综合运用，既注重古人的著录，发挥理论的功用，又吸取前辈的优长，发挥自己见多识广的优势，经过科学的考察与分辨，才能对绘画作品的时代真伪得出合乎实际的结论。一些鉴定家的“慧眼”也正是这么得来的。

十、中国画鉴定的“望气”之说

“望气”原本是指古代方士望云气以测吉凶征兆的一种占侯术，后来被书画鉴定家所借用，作为看见某书画作品的第一眼的印象和得到的感受。

一些书画鉴定家的所谓“望气”不同于神秘虚幻的无稽妄言，而是鉴定家各方面修养与能力体现在对一件作品真伪优劣所产生的朦胧意识。这种朦胧意识实际就是一种综合判断，它凝聚着鉴定家多年的辛劳。杨新先生在《书画鉴定三感》一文中认为：“人的大脑是一架活的电子计算机，平时不断储存信息资料，一旦需要，就会输出有关的信息资料，以提供选择和分析，迅速作出初步的判断。例如，在书画鉴定中，忽然碰到一件明代书画家文徵明的作品，鉴定家的大脑顷刻间，就会把自己过去所看到过的文徵明作品的真迹和伪品，他的印章和款式，笔法特点和习惯，甚至其师友、子侄、门生的作品样式，及有关的纸或绢的陈旧状况等等，都会在一闪念间涌现出来，和眼前的这幅文徵明作品进行比较分析，作出初步判断，也就形成了第一眼印象。由于人脑在快速提供信息资料时，其图像是模糊的，甚至是一种潜意识，因之第一眼印象的初步判断是感性的、不稳定的，而且随着进一步的观察会很快地消失。所以第一眼印象具有朦胧性的特征，如烟如雾，飘忽不定，似有若无，难以捉摸，很像是一股‘气’。其实这股‘气’不是别的，正是被鉴定对象某些最本质的特征在鉴定家头脑中的显现和浮动。”他说：“‘望气’就是变无意识为有意识地去捕捉住这‘第一眼印象’。如果我们从认识过程的这一角度来理解‘望气’，那么它既有感性认识也有理性认识的成分在内，因此‘望气’作为传统鉴定经验的方法之一，是有可取之处而值得加以研究的。”笔者十分赞同杨新先生的分析和阐述。

“望气”虽说是“灵光一现”，实际上也蕴含着绘画的时代风格、个人风格等一些规律性的东西。因为这第一眼的印象毕竟不是鉴定家凭空想象的猜测。笔者常听一些老先生讲，东西放在那里，不用上手，只要看上一眼，就能断定它的年代真伪。听起来似乎不可思议，其实这“一眼”之中，他们已经观察到它是否具备与之相应的时代气韵与神采。他们所以在“灵光一现”中有所发现，就在于他们平时认真学习，经多见广。所谓“灵感”的闪现，

枯树栖鹰图
清·高其佩
设色绢本 立轴
钤印：指头醮墨、竹香主人
题识：其佩

古木参天，枯藤绕枝，绿竹横斜，其上苍鹰独立，下视波涛汹涌。指头作画，竟能雄厚如此。高其佩确非凡手。所见伪作，非生硬浅薄，即怪戾而有江湖习气。若使作伪者一睹此图，必羞死。

不是别的，正是他们通过不断观察、比较、分析，在自己头脑里储存大量信息的结果。当代历史学家、文物鉴定家朱凤翰先生曾对我说：“鉴定书画的老先生常讲一句话，叫作‘望气’。对某位书画家的笔法和面目了如指掌，再遇到他的赝品，远远一看就知道它的气味不对。”书画鉴定家刘光启还向我讲起他亲身经历的一件事：

几年前，一位台湾朋友拿来四张吴昌硕的画请他看，他刚打开一部分便说：“您这画是假的。”那位台湾朋友说：“我在台湾请人看过，至今还没有人说它是假的。”刘说：“您这画就是假，您这画是‘南假’，就是南方人作的假，不是北方人作的假，这个假造得还不错。”台湾朋友要求他全打开，再仔细看看，他十分肯定地说：“全打全假，全看更假。”为什么刘光启只打开此画的一半望上一眼就能断其真伪呢？事后刘先生解释说：“吴昌硕是金石起家的，其画风妙能以诗、书、画、印贯通一气。他精于金文、石鼓文，并在绘画中加入了金文、石鼓文的笔法，故其画往往呈现一种恢宏的气派。而作他假的人只求表现相像，并未考虑吴画所渗透的金文、石鼓文的因素，那种磅礴的气势在假画中根本体现不出来。买假画的人也仅仅停留在‘像’上，吴画骨子里的东西，他们是看不到的。我

们看吴昌硕的作品，一眼就射到吴的金文、石鼓文的骨子里，可谓‘行家看门道，外行看热闹’。”长期的知识积累和对吴画风格的深层认识，使刘先生“第一眼印象”就已经捕捉到假画的伪证，这与古玩行中“只可意会，不可言传”的道理是相通的。

鉴定家的“望气”既是简单粗略分析基础上的综合判断，那瞬间即逝的第一印象在绘画鉴定中至关重要，一定要紧紧抓住，不可轻易放过。笔者经常听到一些搞鉴定的朋友讲：“当看到一件作品时，给你的第一印象非常重要，这时的判断往往也是比较准确。对它的判断，是真是假，是优是劣，大都立见端倪。所以一定要捕捉到，一旦第一印象失掉了，就越看越感到模糊，甚至犹豫不定，再也拿不准了。”这话似乎有些绝对化，但也不无道理。因为这第一印象中包含着整体认识的合理性和敏锐感，是符合人类认识事物的客观规律的。

“望气”虽然包含着综合判断的合理性，但还不能看作是科学完美的最后定论。以认识论来分析，“第一眼印象”应是感性认识阶段，当然是在有理论认识基础上的感性认识。因此，我们对“望气”得到的东西，有必要作去粗取精、去伪存真、由此及彼、由表及里的进一步的理性剖析。当遇到绘画作品有了“第一眼印象”后，还要反复地从作品的各个部分细心求证，从作品本身的笔法、布局、款识、印章、纸绢及他人的题跋、收藏印诸方面，一一比较分析，

鸡鸣报喜
清・任颐
设色纸本 立轴 233cm×48.6cm

推敲揣摩，使粗浅的、模糊的感知精确起来，判断准确的得到印证，判断有误的予以推翻，让种种判定均趋可靠。这时所作的结论将比“望气”更加科学和深化。

中国画的鉴定牵扯的学问非常广泛，情况极为复杂。历史上自从绘画成为商品以来，仿品赝品屡见不绝。不少画人和商贾为了谋利，或把一些画改头换面，改近为古，改小名家为大名家；或割裂拼配，真伪混杂；或通体作伪，珷玞充玉。当今一些唯利是图的小人在金钱的诱惑下，专干伪造绘画的营生，其手段之高明，伪装之巧妙，都是以往所不能及的。面对这种情况，作为书画鉴藏者和爱好者，更有必要积累更多的经验，储存诸多的信息，客观地分辨作品，凭着敏锐的双眼在顷刻间作出准确的判断。如此看来，“望气”这个本领于今尤不可少。

喜鹊登梅

齐白石

设色纸本 立轴

钤印：齐大

100cm×32.5cm

峨嵋雪霁图轴（真迹）
蒲华
纸本设色
147.8cm×80.4.cm

昭君出塞图轴（真迹）
倪田
纸本水墨
105cm×51.6cm

第四章 决定绘画艺术品价值的主要因素

收藏中国画可以陶冶性情，丰富精神生活，增长知识，提高审美水平，同时还可以成为一种投资。随着房地产、证券市场的迅猛发展及风险加大，人们对持有艺术品投资保值，尤其对中国绘画投资升值可信度和稳定性的认识大大增加。事实证明，在近二十年内，外汇、房地产、证券、黄金与艺术品相比，艺术品的增值幅度是最大的。有人说：『现在的文物艺术品市场，投资功能超过了收藏功能。』这一点没有什么可奇怪的。但需要注意的是，绘画作品不同于一般的商品，它不仅需要买家独具慧眼，还有赖于买家对艺术品价值的全面认知和对中国画市场行情的准确把握。

一、中国画的投资潜力

2010年艺术品拍卖市场，中国绘画在各大拍卖行天价频出。中国嘉德春拍，张大千1968年所作巨幅绢本泼彩《爱痕湖》以1.008亿元成交；北京保利春拍，清代钱维城国画手卷《雁荡图》成交价达1.3亿元；同样是保利春拍，美国回流的庞莱臣旧藏元代王蒙《秋山萧寺图》以1.37亿元成交；中国嘉德秋拍，李可染《长征》以1.08亿元成交，明代陈栝长卷《情韵墨花图》以1.12亿元成交；北京保利秋拍，宋代《汉宫秋图》手卷以1.68亿元成交；翰海秋拍，徐悲鸿《巴人汲水图》以1.71亿元成交；西泠秋拍，八大山人的《竹石鸳鸯》以1.85亿元成交。

中国绘画天价频出，成交价纪录频繁地被刷新，有人认为是投机成分过重造成的。其实不然，目前艺术品市场确实存在保值、增值的空间，投资中国画是藏家理性选择的结果。中国画是中国文化的载体，五千年历史文化的遗迹，在众多收藏品中也是最保值的。收藏家与投资者的行为体现了当今社会的文化艺术潮流——人们已被“西化”的目光再一次聚焦在了中国本土的艺术品上。

就投资增值的角度，中国画确有很大的潜力。1989年仅以6万港

群鹅
徐悲鸿
82cm×45.6cm
RMB：1,485,000

嘉德四季 2006 年第四期中国书画专场成交前 30 名

序号	图录号	名称	成交价 (RMB：元)
1	1612	刘钰、唐棣等 元明集锦	1,166,000
2	1592	恽寿平 花卉	946,000
3	1293	石涛 山水花卉	880,000
4	1690	陈洪绶（款） 观音	671,000
5	28	陈佩秋 山稠隘石泉	616,000
6	1325	王原祁 仿黄子久山水	561,000
7	394	白雪石 漓江	506,000
8	544	郑板桥 幽兰竹石	495,000
9	1593	恽寿平 仿古十家山水	495,000
10	1121	王西京 十八罗汉	462,000
11	1318	八大山人 石	407,000
12	1717	赵孟頫（款） 水村图	407,000
13	551	范曾 秋风之歌	396,000
14	1655	俞和 书法	374,000
15	382	黎雄才 松瀑图	352,000
16	1474	宋广 千字文	341,000
17	1462	石涛 书法	308,000
18	1357	高凤翰 半亭对菊图	286,000
19	1213	范曾 促织	275,000
20	1371	王鉴 山水	275,000
21	1292	王翚 山水	275,000
22	1014	杨延文 醉翁亭记	258,000
23	148	祝枝山 草书杜诗	242,000
24	840	齐白石 蜻蜓老少年	242,000
25	1	唐云 清供图	231,000
26	395	杨延文 醉翁亭	231,000
27	29	蒲华 山水	220,000
28	40	张大千 仿宋人林椿花鸟	220,000
29	1607	王鉴（款） 仿古山水 集册	220,000
30	1291	董其昌 临宋元八帧	209,000

元购进的中国著名画家张大千的山水画在 1995 年拍卖时以 20 万元港币卖出。20 年前李可染的一张画卖 10 万元，现在卖到 300 万元。新中国成立初期，齐白石的画一幅仅数元，而今至少价值数十万元。2004 年 6 月，在北京举办的某大型拍卖会上，一件明末清初《花鸟册页》以 500 万元起拍，最终以 2860 万元成交，而在 5 年前，这件作品在一次拍卖会上成交价仅 200 万元。

笔者也曾有过这样的经历：20 世纪 80 年代，我在天津文庙内的古旧书销售部觅得一本山水册页。作者是清代乾隆年间的张锡德。册页为绢本，共计八页，每页各有一山水画和画家本人的题诗，最后面是何宾笙作的跋，标价 4 元。我极为喜爱，紧紧手，凑足钱，将其买下。1993 年，得识鉴定家刘光启先生。我将张锡德册页拿给他看。册页刚一打开，他就说：“这东西不错，可以收藏。”他讲明“不错”的依据：“其一，册页里的山水画受明代董其昌的影响，讲究笔法，这是乾隆年间的时代风尚。其二，册页里的题诗，有米芾字体的特征，同时又有馆阁体的味道，较为拘谨，这也受当时社会的影响，颇具乾隆年间的时代风格。所以略加观察，便会发现这是乾隆年代作品，而张锡德正是

松林觅句图
清・张鉴
143.5cm×43.7cm
RMB：275,000

乾隆时代的画家。”几乎在同一时期，我还以不高的价钱购得溥儒、黄君璧等人的作品，虽说钱是从牙缝里挤出来的，但毕竟还是可以接受的。可是没有想到，现今这些东西的价位已经达到五六位数。不仅是我，类似事例在一些老藏家那里也是这样。当初购买它们可能并未预料有此结果，这真是“无心插柳柳成荫”。有人说，市场到了今天，要感谢所有收藏家的投资。收藏家和投资人的举动，证明了中国绘画艺术品有超人的魅力。

或许有人会讲，你说的都是过去，那种机会已经一去不复返了。要说类似的机会的确不多了，然而中国画的升值却并不就此而止。这是因为，在我国，中国画的价值与市场价位还远远未能对等。特别是与西方国家相比，中国画的价位并不算高。在海外，绘画艺术品的最高售价达到8000多万美元，并且还存在较大的发展空间。荷兰画家凡·高（1853-1890）是后期印象画派的代表人物，他的遗作，现在都是天价。1947年以8万美元购进的凡·高的名画《鸢尾花》，到1987年拍到了5390万美元的高价，而作为当代东方艺术的代表，中国画坛的泰斗级人物如张大千、齐白石等人的惊世之作则始终未有达到这样的价位。

古今中外绘画大家的作品价格，会因时代变迁而沉浮，甚至幅度大得惊人，这已然成为规律。今天，当拍卖市场走过近20年，一些大家精品，一些具有典型意义的时代作品，都表现出了强劲的价格上升趋势。我们把中国嘉德、北京翰海拍卖公司刚成立时的拍卖图录拿过来和今天比，简直是天上地下，那时拍卖的东西，到今天价值翻十倍、百倍已司空见惯。其实，此类情况并未终止。笔者几十年收藏中国画，过去买，今天还买，之所以如此，就是因为我在实际操作中看到，时至今日中国画的价格仍未到位，依然有广阔的天地任藏家策马驰骋。

当然，人们并不否认当前局部泡沫的存在。比如说，赝品泛滥就是一种泡沫，大肆炒作也是一种泡沫，但总体来说，中国画拍卖当前仍处在一个价位表现阶段，并没有到整个价值严重估高、整个市场充满泡沫的阶段。尽管艺术品收藏在中国已经有几千年历史，然而没有形成真正的市场和完善的机制，艺术品投资如今只是在通胀预期中地位凸显，价值正在理性回归。只要方向正确，拿捏得准，你拿到的是真货，是好东西，艺术品无疑是投资的避风港，而且投资收益必然居于三大投资（房地产、股票、艺术品）之首。

二、大家精品增值无限

上海朵云轩2008年秋季拍卖以9700余万元的总成交额收槌。潘天寿的巨幅精品《耕罢图》估价550万-800万元，一出场就引起众多买家的角逐，经过几十轮的竞拍，最后以1178万元的高价被一南方藏家揽得，拔得此次拍卖的头筹。

这两年，在中国艺术品市场价位上涨最快的中国画，就是来自艺术史上最有领军作用的绘画大家的作品。伟大的艺术家必然创造一种伟大的文化，他们带给我们的不仅是一种全新艺术，更是一种永恒的美。然而，大师在成功之前，其中的甘苦，只有大师们自己知道。就拿现代绘画大师黄宾虹来说，其所画山水，浑厚华滋，价格越来越高。但在生前，他并不被人看好，甚至受人调侃："远看像西瓜，近看像蛤蟆。原来是山水，啊呀我的妈！"黄宾虹生前说过："我的画要五十年才受人欣赏。"可就在他逝世后的第48年即2003年，其作品开始启动。据说他的画作的最大收藏家是一位香港人士，此人在黄宾虹晚年购买了许多黄的精品，其价值已难以估量。

吴冠中无疑是中国美术史上大师级的人物。黄苗子对其有这样的评价："正像欧洲现代艺术没有、或不可能再产生毕加索一样的权威，今后的中国，也不可能在

树丛

吴冠中 HKD：7,250,400 2006年香港佳士得春拍

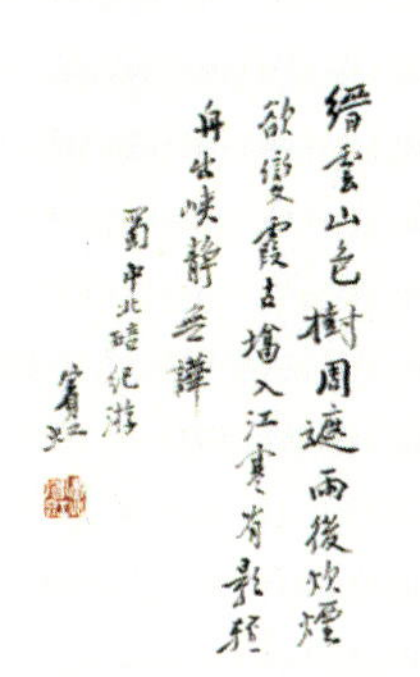

吴冠中之后产生艺术偶像。”从2000年开始，吴冠中成为拉动中国绘画市场价格的主导力量。据雅昌艺术网2009年3月初的数据，2000—2008年，吴冠中各类作品总上拍1980件，已成交1244件，均件125万元；成交价500万元以上的50件次（油画占28件次），成交价1000万元以上的9件次（油画占5件次）。可以相信，随着其市场支撑力的日渐高涨，天价的再造仍在情理之中。

大家作品固然珍贵，但大家精品更为难得。有人曾这样讲：“只有美到极致的艺术品才能流芳百世。”然而任何大师都不是神，他们一生中所创造的精品数量也是有限的。但一幅精品的价值应是他普通作品价值的数倍，所以，宁愿用重金购买精品，也不可图便宜去购买一些随意之作。大家精品在价位上似乎“高人一头”，但“高人一头”的作品，其升值空间却是“高得惊人”。笔者的一位朋友在20年前花5万元购得一幅吴昌硕的花卉，现在的价位已逼进50万元。我曾做过一个不太恰当的比喻。大家精品的增值数目是用乘法计算，一般作者的平庸之作如能升值，也似乎微乎其微，充其量只能用加法计算。现今更是如此。可以说，在鱼龙混杂的艺术品市场上，以相对高的价格投资大师作品，远比盲

蜀中北碚纪游
黄宾虹
121.5cm×40cm
RMB：968,000

目购买一些经不起时间考验的伪艺术品风险小得多，或者说没有风险。

名家佳作在艺术品市场始终是投资者关注的焦点。2009年蒋兆和的《耍猴图》是荣宝春拍的重头戏，在预展时就被放在入口的迎面处，悲情的生活画面和高超的艺术手法将这幅作品的情感渲染得淋漓尽致。蒋兆和是人物画的艺术大师，其作品中对民生的深情关注体现了作者深沉的悲剧忧患意识。值得一提的是，《耍猴图》创作于不朽巨制《流民图》的前夜，或许就是《流民图》中百位难民的一个剪影。这件为众多藏家关注的作品，最后以392万元成交。不过，有市场分析人士认为，从艺术价值和历史价值双重角度来看，这件堪称博物馆级的精品仍有很大的市场空间。

投资大家精品，眼睛不光要盯着现代之作，古代作品也同样不可忽略。比利时大收藏家尤伦斯2005年在嘉德买的宋徽宗《写生珍禽图》，买价2500万元，金融危机来了，就将这件东西拿出来卖，卖了多少？将近6000万元。有人这样说："斥巨资买东西的人，正常情况，他不会花一个亿买后几千万卖给你。"

千岩万壑

李可染

RMB：6,18,200 2006年北京保利秋拍

三、中小名头不可小视

业内人士将中国画的标准划分为高中低三个市场：高端市场以明清书画领军人物、近现代书画巨匠的作品为主导；中端市场以近现代历史人物的作品及地方上有独特风格的著名书画作品为主导；低端市场则以地方目前不太知名的书画家作品以及一些知名书画家的复制品为主。所谓中、低市场其实大多是指中小名头的作品。这部分作品虽不及大家精品叫得那么响，但也万万不可小视。与大家精品相比，中小名头作品有其独特的优势，并在艺术品市场占有相当大的份额。

“大名头”即大名家，“中、小名头”即中、小名家。无论古代还是近现代绘画都有大、中、小名头之分。如果您有足够的经济实力做后盾，又有较高的鉴别能力，您尽可购藏齐白石、张大千、黄宾虹、徐悲鸿、傅抱石等“大名头”的高端之作，因为他们是我国书画市场的主力和领军人物，并得到国际市场的认可，投资潜力巨大。如果您财力有限，或工薪阶层，实战经验又不足，建议您最好先不要涉足于“大名头”，而最好选择一些“中、小名头”，从投资的角度上看，“中、小名头”作品同样有可观的升值空间。

客观地讲，艺术品水平的高低本不应以作者名气的大小来区分，而且所谓“名头”也是个模糊的概念，没有明显的界限。“不是名家，胜于名家”的情况历来有之。尽管中、小名头的艺术和影响力难以同“大名头”相比，但他们的成就未必不高，他们的作品也十分诱人。2007年初，我在一小型拍卖会上见到一幅题为《柳岸风亭图》的山水小条幅便属此类。

柳岸风亭图
清・王承枫
设色绢本 42cm×32cm 作者收藏

《柳岸风亭图》长42厘米，宽32厘米，绢本设色，作者王承枫，起拍价1000元，我以1100元购得。关于王承枫生平，《清画家诗史》、《清朝书画家笔录》、《瓯钵罗室书画过目考》、《墨林今话》等皆有记载。他生活在清中晚期，字陛臣，号丹麓，磁州（今河北磁县一带）人。咸同时（1851–1874）官河南内黄知县。善分隶，工山水。同治元年（1862）有临各家设色山水册。我购藏的这幅王承枫作品，笔墨精到老练，构图新颖得体。其所作本是传统的山水题材，却并未沿袭“三重四叠”的旧模式，画面上的虚空变幻全得之自然，颇见石涛趣味。作者用以少胜多的表现方法尽显湖光山色的清秀俊美，意境简远而富有诗意。画幅上方且题诗一首：“楼外山光好，平川任我游。相逢皆故友，对立说梧秋。”落款“王承枫”，钤“承枫”连珠小印，右下角钤“丹麓书画之章”白文印。王承枫传世作品罕见，在有清一代的众多书画家中亦无显赫地位，其名气别说与鼎鼎大名的“四王”相比，就是和“小四王”比也断不在一条线上。据悉，2005年在中国嘉德古代书画专场中“四王”之一王鉴的《仿古山水》册页已拍到1265万元的高价，而我的这幅“王承枫”亦属清人精到之作，因为他是“小名头”，价格比“大名头”低得多，花小钱而得好作

曳杖观瀑
清·王承枫
设色绢本 立轴

春日晚泛

民国·许尧
癸未年（1943）作
设色绢本 立轴 15cm×52cm
钤印：翔皆许尧
题识：癸未嘉平月拟元人笔法雨村仁兄翔皆许尧。时年七十又六。
作者收藏

洗马图

民国·金少石
设色纸本 镜片 110cm×53cm
作者收藏

品，何乐而不为？

购藏“中、小名头”的一个最大好处是保险系数较大。眼下艺术品市场五彩缤纷，琳琅满目，古今名家，真伪参半，篮里挑花，迷人心目。但比较而言，还是“大名头”多伪，“小名头”多真。选购小名家不仅风险小，还可在实践中提高艺术品收藏涵养和功力，以便日后更得心应手地进行艺术品投资。我在数年前购买的罗朝

汉、孙梦仙的《天下无双》镜心便是一幅货真价实的作品。

《天下无双》长 57 厘米，宽 31 厘米，绢本设色，原装裱。作者罗朝汉、孙梦仙是一对夫妻，生活在清末民国时期。罗朝汉，字云章，擅写竹石。其妻孙梦仙，子泽霖，女沛如、真如、廉如、惠如皆能画。有资料称，罗朝汉有菊圃，人称“罗园”，艺菊极多。罗朝汉在时，每岁重九开“菊花会”，一时称盛。《天下无双》兼工带写，格高韵盛。国色名花牡丹，设色淡雅清丽，层次清晰；泉石浓淡黑白分明，以点法代皴法。上题：“竟夸天下无双品，独占人间第一香。云章写泉石，梦仙写牡丹。”这样的伉俪之作尤为难得。拍卖中起拍价 1500 元，我以 2000 元购得。罗、孙当属“小名头”，知者不多，赝品绝少，而且旧绢老墨，仿制极难，收藏这种作品心中踏实。

“中、小名头”作品大多亮相于中小规模的拍卖会，起拍价往往不高，尤适合普通藏家和处于起步阶段的买者。且因某些“小名头”声名不显，不少人搞不清“张三李四”，这又为明白人捡漏儿造成良机。我曾在 10 年前的一次小拍中花 2400 元购得一件元隽的《江山秋色》，水墨纸本，长 64 厘米，宽 32 厘米。元隽为清宗室，崇恩孙，字博生，号伯生，官候补道。《中国美术家人名辞典》、《中国近现代书画

洗马图

民国·赵元涛

设色纸本 立轴 120cm×39cm 作者收藏

家辞典》里说他“工书画，山水得其祖授笔法，出入四王，苍劲秀润，间写花卉，亦饶士气”，亦属“小名头”。元隽的这幅作品，丛山复岭，空林古径，不施丹青而成功地表现了秋山素水的景色，堪称元隽山水画之代表。元隽的画也上过大型拍卖会。天津文物公司 2005 秋季拍卖《典藏艺廊书画专场》中推出两件元隽作品。一是拟各家山水四条屏，水墨纸本，65 厘米 ×32 厘米，起拍价 2 万元。一是《溪山幽趣》手卷，水墨纸本，33 厘米 ×135 厘米，起拍价也是 2 万元。可见“中、小名头”绘画的投资潜力。

需要说明的是，我这里说的“中、小名头”主要是指明清和民国时代的作者，他们多以敬业心态从事艺术创作，功力扎实，极少粗制滥造。而 20 世纪 50 年代以后尤其是 70 年代以来，一些不知名作者以浮躁心态搞出的作品因未经过历史的检验，其在画坛的地位很难确定，是否有收藏价值目前无法断定。

清雅高洁

罗朝汉

设色绢本 立轴　99cm×50cm

钤印：罗朝汉印（白文）、云章（朱文）、云章六十四岁作（白文）

题识：罗朝汉写

作者收藏

四、古代绘画：重在“稀缺性”

国内经济多年来稳健发展，伴随着财富的积累，民众对本民族文化的认同感也在不断提升，古代绘画因其所具备的深刻文化内涵而日益为收藏人士所青睐。

然而，国内买家对古代绘画的认知却有一个渐进的过程。10年前买家大多看重近现代绘画，然后渐渐开始认识明清绘画，再后来又认识宋人绘画，古代绘画的价值在这种渐进的认知中逐步攀升。2007年11月6日，在中国嘉德的秋拍现场，

花鸟鱼石（四幅）
明末清初·朱耷（八大山人）
HKD：9,624,800 2006年香港佳士得秋拍

水仙（局部）

明·陈淳 手卷 RMB：55,000,000 2006 年辽宁国拍秋拍

溪山无尽图（局部）

明·赵左 手卷 RMB：11,000,000 2006 年中国嘉德春拍

暗香疏影（局部）

明·沈周 HKD：9,264,400 2006 年崇源国际春拍

荷庄清夏图（局部）

清·王翚 手卷 RMB：8,910,000 2006 年中贸圣佳春拍

青绿山水
清・张洽
设色纸本 95cm×32cm 作者收藏

明代仇英作品《赤壁图》以人民币 7952 万元拍出。此后，中国古代书画市场不断升温。以 2010 年朵云轩春拍为例，明代沈周《村居野寺卷》拍出了 1086 万元。杨文聪《清溪亭子》曾著录于 1993 年出版的《中国古代书画图目》，并有吴湖帆题签，由 80 万元起拍，在众多藏家的激烈竞逐中，价格一路飙升，最终以 235.2 万元易主。此次图录封面王石谷《山阴霁雪》以 285.6 万元拍出，华喦、费丹旭等作品也都以较高的价格成交。

古代绘画在市场中的流通量是非常有限的，其“稀缺性”、“不可再生性”显而易见。行内有所谓“买一幅，少一幅”的说法。现今流传下来的古代作品由于年代的关系，多数都成了稀有品；再加以历史的积淀，保存下来的也多是古代绘画佳品，不仅具有深厚的艺术内涵，而且承载了政治和文化等多方面的信息。尤其是确信无疑的名家大作，在历经成百上千年时间洗礼后，留存下来的作品已经被各级博物馆和专门机构收藏，散落民间的微乎其微。这类作品既可以相对避免人为短期内炒作，同时，其稀缺性与唯一性为资金的安全提供了前提，而在经济前景发生变化或不可预测的环境中，安全性必然是资金流入的首要考虑因素。

“物以稀为贵”是收藏领域永恒不变的规律。古画资源日趋稀缺确是事实，但“古冷今热”在艺术品市场却仍然是屡见不鲜。虽然近两三年来古书画的行情出现了较大的提升，但古书画市场实际还处于回归其本身价值的阶段，还远没有达到其应有的价位。对古书画的重视就是对传统

山水

清・松年

水墨绢本 立轴 95cm×39cm 作者收藏

泛舟图

清・杨天壁

设色绢本 134cm×28cm 作者收藏

民族文化的重视，所以，古代书画市场是一个需要大力推动的市场。本人多年来一直热衷于古代绘画收藏，先后购得清代画家张洽、刘彦冲等人作品，当时的投入并不大，这些人够不上大名头，但他们的作品也在不断升值。行里人都知道古画与现代绘画不同现代绘画不存在年代的考量，而古画在同等水准的前提下，早一个时代就会增加一个价位。因为这些作品不仅具备艺术性,而且大都具有特有的历史价值、文物价值和科学文献价值。再经过年代的更迭保存下来十分困难。当然以投资而言，回报率最高的还是古代大家的经典之作，如前文提到的宋徽宗《写生珍禽图》便是例证。

据业内人士分析，古代书画收藏对于中国人来说并不陌生，中国历史上历来不乏书画收藏大家，但将古代书画收藏上升到专业投资的角度，时间却并不长。艺术品拍卖行业的发展在很大程度上带动了古代书画的收藏投资。在国外，中国古代书画作品早已进入拍卖市场，并在20世纪八九十年代开始出现中国古代书画专场拍卖。而在中国，古代书画的拍卖则是在20世纪90年代才伴随着艺术品拍卖的出现、发展而逐渐兴起的。经历十几年的发展，古代绘画价格已经逐渐回归价值，但与国外同时代的绘画作品相比，中国古代绘画的价格仍然处于低位。事实证明，古代绘画板块有良好的抗跌性，这些因素都决定了中国古代书画的价格仍有巨大的上升空间，在未来的拍卖市场中，古代书画仍将是中国书画高端市场重要的支撑力量。

五、当代绘画选择“绩优股”

长期只能在小型拍卖会上露面的当代中国画登上了2004年春季大拍专场。该专场汇集的64位当代画家的119件作品，在短短一个小时的时间里，成交112件，成交率94.1%，成交金额795.2万元。值得一提的是20世纪70年代出生的画家任重的《荷塘小景》（31厘米 ×46.5厘米）、《浴马图》（45厘米 ×98.5厘米）分别爆冷。《荷塘小景》设色花笺镜心，仅为1.5平尺，底价为0.9万元，被买家以9.68万元买走，高出底价10倍多。《浴马图》，底价3万元，以18.7万元的高价卖出，高出底价6倍，成为该专场赢得掌声最多的拍品。而萧瀚的《朝晖映山泉》（41厘米 ×54厘米），

停琴听阮图

任重

设色纸本 镜心

钤印：浴桐小馆、任重、游手于斯

款识：琴诗自乐，远游可珍。含道独往，弃智遗身。寂乎无累，何求于人。长寄灵岳，怡志养神。嵇叔夜有此句意最醇美。乙酉初夏浴桐小馆写《停琴听阮图》并记。任重千里。

65cm×68cm

任重生于宁夏。职业画家，出版有多种画集。自幼习诗文书画，此件高士图作品，人物线条饱满充实，酝色自然，清逸高古。

尺幅虽小，最终以 4 万元落槌，价格出人意料。

每个时代都会出现那个时代的顶级画家，当代又何尝不是如此？近现代甚至更早一些时代的名家作品一直被混乱的艺术市场所掩盖，未能为更多的收藏家和艺术爱好者所认识。近几年虽然有一些当代名家的作品也见于拍场，但数量有限，成交价格之低着实让人无法兴奋起来。每个时代都应该有契合自己时代特色的作品，当代人有当代的审美观和消费理念。当代艺术家的作品是艺术品的同时，更应该被人们理解为是文化信息含量较大、审美情趣较高的消费品，在艺术欣赏的同时也具有投资价值，这才不违背艺术所追求的本真精神。

然而，投资当代绘画一定要做审慎选择，一定要设法购买“绩优股”，一旦看得不准，经济上就会受损失。现代画坛，有一种现象特别应引起藏家的注意，这就是“虚高和炒作”。一俊先生写过一篇题为《创作急于求成，炒作急功近利》的文章，指出当今画坛的流弊，他认为现今有“不少画家开始盘算如何将艺术转化为金钱，如何赚更多的钱，如何来完成资本的原始积累”。这些人常常把主要精力用在市场运作上，有的画家为了炫耀和标榜自己，自封“虎王”、“猫王”称王称霸；有的传统功力并不深厚，艺术风格也未形成，却自己戴上“优秀艺术家”帽子；有的干脆挂上“大师”的头衔；有的甚至在国内拍卖中做手脚，哄抬价格，把自己的作品价格抬得很高，以显示自己在市场上的地位。由于急功近利、急于求成的思想影响，当今有不少画家往往忽视传统，更不注重画外的修养。此种歪风的盛行，无形中造成某些作品的虚高，使买家误入其中。

鉴于上述情况，专家认为，收藏现代绘画应尽量选择成熟画家的作品，降低投资风险。包括画家的知名度、是否有较高的修养学识、有无独特风格和高层次的艺术目标、本人的努力及成就和作品存世量、流通性等。同时还要考虑作品创作的年代。一般情况下，当代画家在成熟期的作品价值高，不太成熟或初学阶段、创新变法之前的作品相对较低。我曾购得当代画家霍春阳、刘皓等人的作品，即为近一两年的新作，市场的认可度甚高，但他们早年的作品则大打折扣。还有专家指出，在选择作品上，主要关注“两头”。首先是一部分经典的、受到学术界肯定的作品，好的艺术品永远是好的；其次是发掘新人，新人应看他的作品内涵，将来会不会被学术界肯定，具不具备整个时代的代表性，有没有记入美术史的前景，这都是值得藏家借鉴的。

六、“全国粮票”和“地方粮票”

字画有“全国名头”和“地方名头”之分。“全国名头”被全国藏家所认可，故被书画界戏称“全国粮票”；“地方名头”被某一地区藏家认可，被书画界称为“地方粮票”。“全国粮票”固可投资，“地方粮票”也很珍贵，而且因其价位相对低廉，对经济实力不强的投资者尤为适宜。

因“地方粮票”仅在本地通行，一时不被重视，却并不意味水平不高。实际上，南北各地都拥有一批造诣匪浅的画家，他们的成就无不经过时间的磨砺和市场的检验。特别是那些名被隐掩的“地方名头”，他们之所以仍能在社会产生影响，必在艺术上有其过人之处，只是由于地区相对封闭、本人闭门杜客不事张扬及传世作品罕见等原因而未能打出去罢了。我收藏的王新铭作品就是一例。

王新铭（1870—1960），字吟笙，清光绪丁酉（1897）举人。后以科举废，从事幕僚，曾随天津人陆锦任事多年。王新铭早年即参与地方兴学事业，是天津女学创始人之一。作为近代著名教育家，王新铭呕心沥血，矢志办学，已被载入史册。而他在书画方面的造诣也是非同一般。其山水作品尤为世人称道。他的绘画取法明人沈周，多以粗毫勾勒林木、皴点山峦，

山水横披

清·赵晓嵩　64cm×123cm 作者收藏

花卉作品

民国・陆辛农

83cm×20cm 作者收藏

苍岭飞帆

清・刘陈

水墨纸本 立轴 114cm×29cm 作者收藏

潇洒淋漓，构图精致而弘阔，陆辛农先生评价他“不拘成法，而磅礴之气甚足”。笔者在拍卖中购得他的两幅山水画，可见其绘画造诣。

一幅作于1936年，为描绘雨景的水墨山水。画中山峦起伏，云缠雾绕。山上山下，丛林密集。茅屋坐落于树丛中、溪谷旁，山涧流泻，溪流上架一小桥，桥上一人撑伞而过，似欲同茅屋中的那位雅士相会，动静互应，静动相宜。粗毫皴点，将山间雨色表现得淋漓尽致。画上题款曰：“天公欲仿米南宫，一片云烟墨色浓。冒雨人归擎短盖，山斋饱受满林风。”落款为“丙子春二月，王新铭吟笙甫写并题”，钤朱文“吟笙”印。画美诗亦美，令人心旷神怡。

另一幅大约作于20世纪50年代，是一幅长153厘米、宽38厘米的大幅设色山水。此画用笔纯熟，清新典雅。画面上山川壮阔，崇岭耸峙。近处春树茂密，小桥流水。往上为山岩，几处人家与古庙隐于树丛之中。再上为远山，只见其峰不见其腰，其间为云雾所绕，意境甚幽。从这幅画可以看出，作者主要是采用刚健的勾勒和水墨晕染相结合的手法，造成一种秀润明丽的审美效果，给人以回肠荡气的艺术享受。

说到这里，不能不提起一代宗师弘一大师李叔同与王新铭的交往及大师对王新铭书画的评价。

王和李少年时代都生活在天津粮店后街，王比李年长10岁，他们是近邻又是挚友。李叔同在青年时代曾给王刻过数方图章，王一直珍藏使用。李叔同对王的书画作品尤为珍惜，他在落发出家前有一王新铭赠其的字扇，多年来一直精心收藏。1939年弘一法师六秩大寿，身在天津的王新铭深深怀念远在闽地的李叔同，他撰写了一首长达32句的五言诗，倾诉两人青少年时代的友谊，申明他们对金石的共同嗜好和诗书渊源。

李叔同对王新铭的山水画极为欣赏。据吾师张牧石先生讲，王老在世时，一次张先生为王新铭整理画稿时，找出一幅王所绘绢本山水，上面有弘一大师李叔同所题一首仄韵七绝，王新铭让他用弘一原韵也题了一首书于画上，张先生所题为“驱使胸中万卷书，鹅溪半幅寻诗去。自家醉墨自淋漓，画到烟岚浮翠处”。至于弘一大师的原诗，今已无法得见，但诗中对王新铭所作山水的激赏和珍爱则是毋庸置疑的。

客观地讲，“地方粮票”与“全国粮票”只是人为的划定，本没有明显的界限，从“地方粮票”转化为“全国粮票”也无不可逾越的鸿沟。以天津而言，当年李叔同、刘奎龄、陈少梅等尚未扬名天下时，他们的作品起初也是“地方粮票”，现今他们都成了举国上下一致公认的书画大家，其作品动辄几十万、上百万。

我几年前在拍卖会上拍得一幅彭旸画的青绿山水。在清末民初的天津画坛上，彭旸是一位勤勉多能的画家。彭旸，字春

山水
彭旸
设色绢本 条屏 86cm×42cm 作者收藏

谷，号丹棱山樵。四川丹棱人，久寓天津。对中国传统花卉、山水、人物、蕃马、写意、工笔无所不能。“点染流丽，生动尽致，洵一时能手”，是一个颇有建树的画家。其尤擅青绿山水，上溯唐宋诸家，下继上官竹庄，对于文徵明、唐伯虎、仇英的作品，更是临摹效法，且学之有成，独具特色。彭旸为人，不事张扬，创作一丝不苟。近人将其归为京津画派一流。我购藏的那幅青绿山水，工细秀雅，色彩清艳，画上人物、小桥、房舍刻画入微，严谨至极。那年我买此画仅花了几千元，现今已升至几万元。无论是从藏界的公认度还是从市场价位上看，彭旸这位当年的“地方粮票”目前已跃升至“全国粮票”。

如果您有兴趣，又吃得准，收存一些“地方名头”作品，说不准哪一天某张“地方粮票”也会变成价值不菲的“全国粮票”。

七、特殊作品有附加值

我在一次拍卖会上购得一幅《大吉图》，画的作者是张第恩。张第恩，字寿岩，直隶定兴人。画家张小蓬之文孙，工花卉、木石、翎毛，其画大雅不俗。《大吉图》画面上是一只大公鸡，雄鸡昂首侧视，动静结合，形象逼真，表现手法精妙高超。难得的是，画的上方有行书诗堂，落款为“球砸洪亮”。洪亮是晚清福建人，书宗何绍基，神采甚似，且能诗文，善墨梅，干硬如铁，盖得之于书。诗堂里写的是一首长诗，赞张第恩所作《大吉图》。张画即是佳作，再加上洪的题诗，作品身价自然提升，从经济价值来看，这样的作品便产生了附加值。

张丽华
民国·任子青
作者收藏

按照中国画的交易规律，凡特殊的作品都是有“含金量”的，以价格论，此类作品应高于此人同等尺幅作品的价位。有人将有附加值的作品归纳为六种：一是经过收藏家、大机构收藏的作品；二是有大名头的题跋的作品；三是画家出版发表过的作品；四是获过奖的名家作品；五是用纸、用料考究的作品；六是题材独特的作品。我以为，除了以上六种，还有其他方面的因素也应包括在内。比如在画家特殊环境中创作的作品、用特殊工具创作的作品、赠给著名人物的作品、反映画家本人与他人交往的作品，等等。

2011 年新春伊始，我在天津国拍的预展中，无意间看到一幅曾延年所绘花卉（32 厘米 ×33 厘米，原装老裱）。画面上，淡红色的山茶花、蓝色的牵牛花配以浅绿

在日本留学时赠给学友李叔同的花卉作品
曾延年　1906 年作
设色绢本 32cm×33cm
作者收藏

色的花叶，显得格外清丽淡雅，画的落款为“息霜性嗜秋华，特奉此以将意，丙午深秋，延年”。曾延年名孝谷，擅长绘画和演剧。息霜实为中国近代文化的先驱者、一代宗师李叔同，即后来的弘一法师。今人研究弘一大师李叔同，不能不提到曾延年，正像研究曾延年，不能不提到李叔同一样，他们二人同样爱美术，同样爱戏剧，先是在日本，后是在上海，前后同学、共事达六年之久。这幅画被我一眼盯上，我立即意识到它的特殊价值。

1906 年，李叔同在日本考入东京美

山水（局部）

梁树年 手卷

246cm×20cm

作者收藏

为画家一生中的精品力作，有特殊价值。

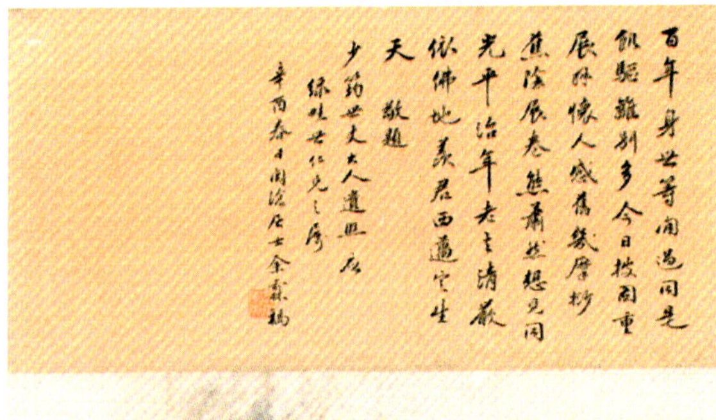

高士图

清·仲呈枋

立轴 67cm×39cm

此画为咸同时代嘉兴人鲍昌熙（字少筠，著有《金石屑》）画像。戚人钊作隶书跋，余霖（1873-1941）题诗堂，四位均为名人，为一件特殊的作品。作者收藏

术学校。那时，来自四川的曾延年同时也进了东京美术学校。由于共同的爱好，两人又共同创立了春柳社，合作演出了话剧《茶花女》。曾延年任编剧，李叔同任舞台美术设计，演出之中，李叔同饰女主角（马格丽特），曾延年饰男角（杜瓦），现在留存于世的一张两人剧照，是演出《茶花女》后，尚未卸装时所摄。在日本，他们还合演了《黑奴吁天录》。回国后，二人又同在上海《太平洋报》任职，其间两人密切合作，把《太平洋报》的《画刊》专栏和美术广告办得有声有色。1912 年由李叔同介绍，曾延年还加入了南社。这一对黄金搭档的友好合作一直到他们在上海分手，李叔同去杭州教书，而曾延年回到成都老家。曾延年赠给李叔同画作所题“丙午深秋”正是 1906 年的秋天，二人同入东京美术学校之后，共同演出话剧《茶花女》之前。当时他们是同班同学，都学习美术。画中真切反映出曾延年此时的绘画功底和艺术追求，而赠画之举更可看出李、曾二人的亲密无间。

就在曾延年给李叔同画这幅画之前，即 1906 年夏天，曾延年曾回国度假，二人书信未断。一次，李叔同寄给曾延年一张明信片，背面画的是 12 个人物面相，作喜怒哀乐各种表情，仔细一看，每个面相中都含有一个“曾”字，题为“存吴氏

飞瀑流泉
顾坤伯
设色纸本 202cm×47cm 作者收藏

之面相种种”（存吴是曾延年的号）。原来这是李叔同画的一幅漫画，与曾延年开的一个小小的玩笑，更可见两人关系非同一般。有人考证，认为这是中国现存最早的一幅漫画。

曾延年的花卉被我以底价拍得。有意思的是，在那场拍卖会上居然没有第二个人发现这画作背后的历史和故事。这一见证两位近代文化名流大师相互交往的非同寻常的作品，其附加值真不知要高出底价多少倍！

八、从“假画”中觅宝

我收藏中国画过去一直存在着一个认识上的误区，即认为凡是冒名的假画一概无收藏价值而不值分文，直至在一次拍卖会上见到一件清仿五代画家巨然的山水手卷，才改变了我的看法。手卷为绢本，虽仿作，然落笔融浑，古峰峭拔，岚气清润，且有王懿荣的题跋。上标明为清仿，起价1.5万元。起先我以为此画无人问津。谁知拍卖时，非但没溜标，其价反而屡屡上升，最终以3万元成交，超过清代一些小名头的真品之价。

假画为什么能卖高价？这里除了有社会上以“假大名”冒充“真大名”的商品炒作原因，也有赝品所蕴含的艺术价值的自身因素。记得民国时有这样一件事：一次老画家陈半丁请客，张大千、靳伯声在场，陈半丁拿一幅石涛的山水画轴，请大家欣赏，并介绍说：“大涤子（石涛的号）这幅画是件稀世珍品。”张大千说：“过

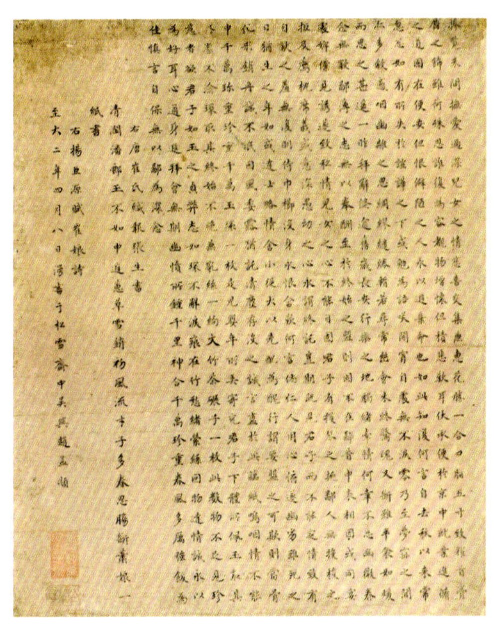

仿赵孟頫崔娘诗书画（局部）
张大千

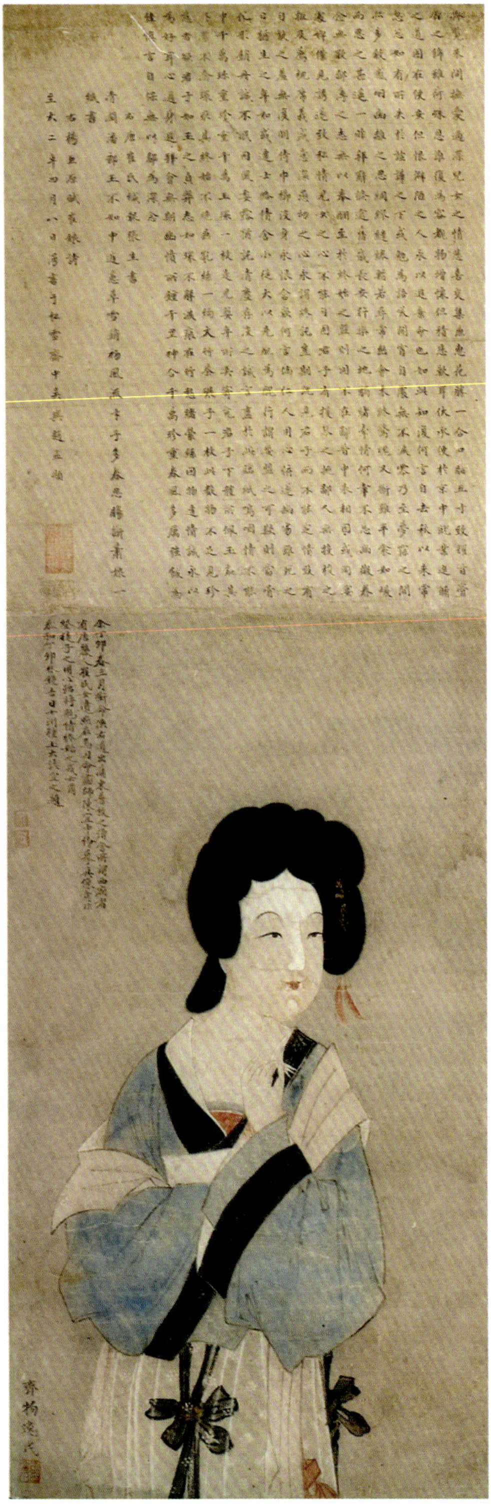

奖！过奖！这是我画的咧！”此事说明，赝品不等于庸品或劣品，有时高手的仿作甚至超过其摹仿对象的水平。

最有投资潜力的假画当属名家仿名家的“精品赝作”。历史上，名家仿名家，代有其人。如清初王石谷仿元代高明的画，明人周臣为唐寅代笔，近代张大千仿清人石涛，大千门人何海霞仿其师之作……这些绝非平庸之辈所能及。当代大师黄永玉曾写过《鬼手何海霞》一文。之所以称何为鬼手，是指何海霞仿其师张大千之画，达到乱真得使黄永玉不敢轻易再从市场上买张大千的画。为什么呢？因为这位大师兼鉴赏家的黄永玉也吃不准哪幅是张大千的原作，哪幅出自何海霞之手。这样的假画本身即堪称上品，怎说无收藏价值？

具有投资潜力的假画除了“名家仿名家”之作，还有大量来自旧时代高手仿名家的那些“假大名”之精品。所谓“假大名”精品多数出自清代和民国年间。这些假画的出笼虽意在作伪牟利，却有相当一部分技艺高超，非一般俗手可及，且为旧裱，装裱考究，近年来亦显现出特有的收藏价值。有一年天津市文物公司推出三件“假大名”精品参加拍卖，

仿赵孟頫崔娘诗书画
张大千
设色纸本 71cm×24cm RMB：120,000

均拍出了好价钱。一件是清仿赵令穰设色绢本手卷《百鸟朝凤》，卖价1.6万元；一件是清仿仇英设色绢本手卷《璇玑图》，卖价8万元；另一件是清仿赵雍设色绢本手卷《群仙献寿》，卖价5万元。三件假画之所以有卖点，关键是精。转年该公司又推出一件郎世宁款设色纸本立轴《雪岭狮啸》，底价6000元。虽属清末民初仿品，亦受买家青睐。据行家预测，这种清代民国高手仿大名头的精心之作，仍有其潜在的升值潜力。需要说明的是，这里所称假画，主要是指旧时名家高手的仿作。至于今日以高科技手段进行临摹的专业化、集团化的作伪及假借收藏家的名声利用著录作伪的新型赝品，则不但毫无收藏价值，反而只能扰乱艺术品市场，贻害社会。

九、作品的尺幅与小品的价值

中国画的价位与尺幅的大小息息相关。一般情况下，凡知名画家的作品，古代的也好，近现代的也好，都有一个大体的价位。按习惯，画幅的大小以每平尺计算。

如戴熙作品每平尺8万元左右（2004年朵云轩拍卖）；汤贻汾作品每平尺1.5

拟恽寿平笔意

清・刘德六

设色纸本 扇面

钤印：德六之印、子味

18.5cm×52.5cm

春色满园
民国·管平
己巳年（1929）作
设色纸本 扇片
钤印：平湖

万元（2005年底嘉德拍卖）；华喦作品每平尺50万元左右（2005年中贸圣佳夏拍）；苏六朋作品每平尺1.8万元左右（2005年广州嘉德秋拍）；奚冈作品每平尺1.8万元左右（2004年天津文物夏拍）；费丹旭作品每平尺4万港元左右（2004年佳士得秋拍）；改琦作品每平尺2.5万元左右（2004年嘉德秋拍）；冷枚作品每平尺7万元左右（2005年天津夏拍）；黄山寿的每平尺1.1万元左右（2004年中贸圣佳冬拍）；倪田的每平尺5万元左右（2006年天津文物秋拍）；张大壮的每平尺9万元左右（2005年上海工美夏拍）；张石园的每平尺1.3万元左右（2004年中贸圣佳夏拍）；陈之佛的每平尺3.2万元左右（2004年嘉德秋拍）；钱松喦的每平尺10万元左右（2004年北京荣宝冬拍）；傅抱石的每平尺100万元左右（2005年翰海冬拍）；宋文治的每平尺4万元左右（2004年嘉德秋拍）；亚明每平尺2.5万元左右（2004年嘉德秋季拍）；魏紫熙的每平尺8万元左右（2005年中贸圣佳夏拍）；张大千的每平尺30万元左右（2004年翰海秋拍）；齐白石的每平尺60万元左右（2006年中贸圣佳春拍）；于非闇的每平尺10万元左右（2006年嘉德夏拍）；李可染的每平尺120万元左右（2006年北京嘉德秋拍）；溥儒的每平尺8万元左右（2006年广州嘉德春拍）；李苦禅的每平尺10万元左右（2006年中鸿信秋拍）；叶浅予每平尺5万元左右（2000年保利春拍）；高剑父每平尺3万元左右（2005年广州嘉德秋拍）；高奇峰每平尺14万元左右（2006年春季苏富比拍卖）；陈树人每平尺2.5万元左右（2005年广州嘉德春拍）；黎雄才每平尺10.2万元左右（2006广州嘉德春拍）；杨善深每平尺5万元左右（2006年佳士得秋拍）；赵少昂每平尺25万元左右（2006年中国嘉德夏拍）；任熊每平尺10万元左右（2006年天津海天秋拍）；任薰每平尺2万元左

溪岸松峰
清·金龙节 镜心
作者收藏

米家山水
清·王枘 镜心
作者收藏

右（2006年中嘉德夏拍）；任颐每平尺25万元左右（2006年中国嘉德夏拍）；蒲华每平尺10万元左右（2006年北京保利夏拍）；冯超然每平尺3万元左右（2006年中贸圣佳春拍）；王震每平尺15万元左右（2006年北京嘉宝拍卖）；赵之谦每平尺7万元左右（2006年中国嘉德秋拍）；吴昌硕每平尺10万元左右（2004年北京翰海秋拍）；吴湖帆每平尺35万元左右（2006年佳士得夏拍）；陆俨少每平尺36万元左右（2006年中国嘉德夏拍）；黄宾虹每平尺30万元左右（2006年中国嘉德秋拍）；潘天寿每平尺65万元左右（2006年无锡中山冬拍）；丰子恺每平尺19万元左右（2006年苏富比春拍）；唐云每平尺2.5万元左右（2006年北京九歌秋拍）；程十发每平尺9万元左右（2006年北京嘉宝拍卖）；谢稚柳每平尺10万元左右（2006年上海中天夏拍）；朱屺瞻每平尺6万元左右（2006年苏富比春拍）；方增先每平尺3万元左右（2006年上海崇源春拍）；王个簃每平尺1万元左右（2006年北京翰海拍卖）；王雪涛每平尺10万元左右（2006年荣宝春拍）；吴作人每平尺10万元左右（2006年北京诚轩秋拍）；吴冠中每平尺16万元左右（2006年北京翰海夏拍）；田世光每平尺5万元左右（2006年中贸圣佳春拍）；徐悲鸿每平尺60万元左右（2006年北京九歌夏拍）；黄胄每平尺18万元左右（2006年荣宝春拍）；孙其峰每平尺2.5万元左右（2006年北京翰海夏拍）；何家英每平尺10万元左右（2006年荣宝春拍）；孙克纲每平尺1.5万元左右（2005年天津文物秋拍）；林风眠每平尺13万元左右（2006年北京嘉宝夏拍）；石鲁

每平尺 10 万元左右（2006 年嘉德夏拍）；王西京每平尺 2.2 万元左右（2004 年翰海拍卖）；方济众每平尺 7 万元左右（2006 年北京保利春拍）；黄永玉每平尺 5.2 万元左右（2006 年北京保利夏拍）；范曾作品每平尺 5.5 万元左右（2006 年北京九歌夏拍）。

作品的价位不是绝对的一成不变，以上只是部分画家价位的基本标准。知道这些的好处是，使投资者对每个画家的市场定位大体有个尺度和考量的底码，以便买画时有所遵循。实际上，作者作品的价位也会随着时间而产生变化，同时因售购地点和环境的差异都会有所不同；而且作品的价位还受创作时间、精美程度、品相、保存状况、是否原装裱等各方面影响，这就更需要具体情况做具体分析。有的时期某件作品在卖场上的价位比常规价位高出许多，有时却又很低很低，这在很大程度上是由于作品本身质量而造成的结果。因此，常规的价位只能作为一个“参照系”，对于某件作品的具体价位得要视各方面因素进行综合衡量，不能照某些拍卖图录或某项成交记录而生搬硬套。

绘画作品的尺寸一般是对中堂、屏条、横披而言，对一些绘画小品却未必适用。何谓小品？小品是指扇面、斗方及其他尺幅较小的作品。虽然册页、手卷、斗方、扇面尺幅较小，不像庙堂巨作、大幅立轴那样直观地彰显着一种视觉冲击力，但却是作者“无意于佳乃佳”的精心之作，更加本质地显示出作者的人文精神、个性风格、艺术旨趣、技法创造、生活情趣和创作情绪。有人说绘画小品往往是作者在一种无心的、随意的、极为放松的状态下完成的，故颇多意外之趣，其单纯、精致更显韵味无穷，非常耐人寻味。显而易见，这种尺寸小巧、形制独特的绘画小品最能充分展露作者的天分、才情和艺术功力，更显其笔调轻松明快，意韵悠闲雅致，充满了“人情味”和“亲和力”，使观者在玩赏过程中内心不时地激起阵阵涟漪。

以扇而言。扇分折扇和团扇等多种，无论折扇扇面还是团扇扇面，均以“小中见大”而取悦于人。比如有一件约 0.8 平方尺、长约 50 厘米的扇画镜心，落款“吴光宇”。画面上，100 个天真烂漫的孩童正在河边做各种游戏，有的翻筋斗，有的捉迷藏，有的下棋……形象各不相同，个个顽皮可爱。偌大的空间将如此多的小孩刻画得惟妙惟肖，甚是招人喜爱。在一次拍卖中，此物起拍价 2000 元，经数番较量，价格一路飙升，最终以 2 万元落槌。

我收藏的刘彦冲、任立凡、李稣笙、孙其峰等画扇，大都有“小远大雅，气象万千”之气，其精美别致不亚于他们的大幅作品。团扇扇画有金龙节的《溪岸松峰》、王梆的《米家山水》。金龙节，名达清，号墨禅，清末民国人，工于山水。近代津门画家周铁珊尝言：“龙节先生冬日在向阳玻璃阁子前，戴风帽，着皮马褂，足下登脚炉，口衔旱烟袋，架眼镜，坐画案前，

层峦叠嶂
申石伽

秋溪帆影
姜筠

为索者写山水方册，高年道貌，使对者降小。”王椨，字仲光，亦作中光，浙江平阳人，幼年时从民间画师习画。后遍江、浙、台湾，所见既广，艺亦大进。山水、人物、花鸟清逸可赏。平生举行个人画展20余次，与吴待秋等名家相友善。金、王两人的扇画直径不逾25厘米，然湿笔皴点，

山水
倪田

苍山劲松
徐行敏

极尽淹润，虽非中堂大幅之宏宏赫赫，却也葱蔚可观。

扇面画是特殊作品，向不以尺寸论价。由于扇画无论笔墨或构图都是别具一格，以往很多画家因此拒绝在扇面上创作，或言明润笔加价。这样，扇面画的价格往往

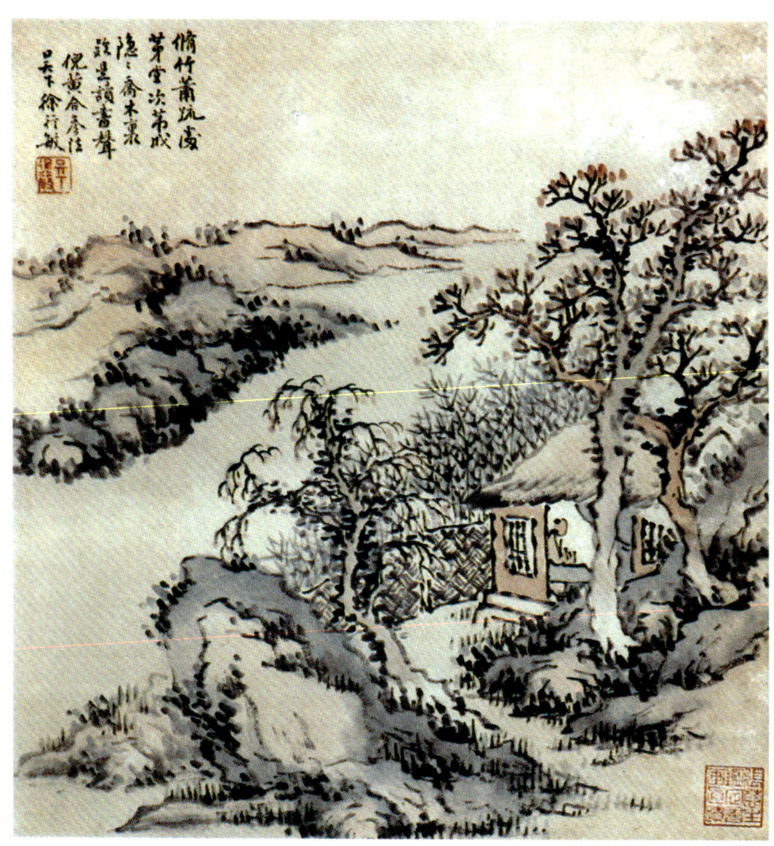

竹林书声
徐行敏

高出尺幅相近的一般册页，有时甚至能与尺幅大得多的立轴相比。张大千的一把《山水》成扇在2002年上海崇源拍卖会上以49万元成交。相反，张大千的一般应酬之作在市场上只有数万元。齐白石、徐悲鸿、吴湖帆等其他名家作品也一样，他们的扇画精品与尺幅虽大而质量一般的作品价格也很悬殊。

扇画有成扇，也有扇面。成扇为装成的扇子，往往是一面绘画一面书法。扇面有未加装扇的作品，也有揭裱的作品。大体而言，前者的价值高于后者。近年来，扇画成了各路藏家倾心以求的作品。中国嘉德、天津文物公司等每次举办的成扇、扇面拍卖专场，都吸引了众多买家，拍品几乎件件成交，尤其是对大家的精品，举牌尤为踊跃，由此可见扇面的魅力。

斗方多呈正方形，旧时斗方每边长度一般一尺左右。现代人画斗方，尺寸渐大，已超出小品范畴，故不在本文讨论之列。各代对书画品式推崇不一。明、清时多立轴而少有横幅。随着社会变化和现代人住房状况的改变，画幅渐渐向短而宽的趋势发展。因旧时崇尚长条立幅，画家构图大都习惯这种品式，而斗方的经营则更需要动一番脑筋。我入藏的斗方真迹有姜筠

（1847–1919）的《秋溪帆影》、徐行敏（1871–1932）的《苍山劲松》及现代申石伽的《层峦叠峰》，亦是喜其“意匠经营”之功。姜之作纯学耕烟，苍劲密蔚；徐之作层次繁密，幽邃秀邈；申之作笔法苍秀，蓊郁华滋，其画风在各自斗方中无不彰显无遗，而且小中见大，绝非草率应酬。在如此小的尺幅中开掘出妙趣盎然的意境，实可谓“大不盈尺，装点费难”。

兰花
白蕉

任预山水册页之中一面

除了扇面、斗方之外，一些尺幅不大的字画也在小品之列。此类作品“物美价廉”，适合工薪阶层购藏。我收藏的当代画家穆仲芹的一幅花鸟画，笔法自如，色彩淡雅，线条明快。这是一幅冬景图，四只禽鸟伫立于干枯的枝干上，神采奕奕，姿态不一，大片空白处以淡墨晕染，画出白雪皑皑的效果。如此妙品佳构，只是因为尺幅小，仅以1500元购得。2011年春，天津某拍卖会有两件很小的作品亮相其中。一件是白蕉的兰花，连半平尺都不到，还有一件彭旸的山水，横长条形，系用小册页改裱成小横披，前者底价1500元，后者底价1000元，东西虽小，亦称得上是“意匠经营，入时装点”之品，也被我一并揽入怀中。

在小拍中，有时还能碰到一两件失群的册页。册页失群后，往往成了单张，于是价格大跌。我购得的海派画家杨伯润、任立凡的小幅山水其实就是册页中的一面，长宽不过一尺，然山川丘壑，尽在画中。这些东西对大藏家来说无非是“弃之可惜”的“鸡肋”，但其价低廉，保险系数又大，以小钱购得真品，聊备一格，未尝不可，况且现代家庭大都房屋低矮，这样的作品镶于镜框，挂在墙壁，装点书房，反更适宜。

十、注重画作的品相

在一次书画艺术品拍卖会上有两件溥儒的设色纸本山水镜心。一件长100厘米，宽32厘米，上有人物、树木、小桥、茅舍。另一件长100厘米，宽32厘米，画面上有类似的景致。但前者纸白如新，底价30000元至35000元；后者泛黄受潮，底价12000元至14000元。作品品相不同，价格如此悬殊，收藏投资者对此不能不察。

东篱菊色
周铁珊
设色纸本 77cm×40cm
品相较差，作者收藏

据笔者对书画市场的观察分析，决定绘画作品品相优劣的因素主要有以下几点：

其一，是否污染受潮。赵汝珍《古玩指南》曾说："汗污受潮，损伤残缺，精神完整，干净漂亮，皆为决定价值之标准。"同一时代作品，有的因养护得好而焕然如新，故常被行家称为"卖相好"，无论何时都被人青睐；有的却被潮气、油渍、灰尘所污染，或长期日晒烟熏，使其发脆变黄，即使名人之作，价格也大打折扣，甚至无人问津。

其二，是否损伤残缺。一种是属于作品原件的缺陷，如无款或无钤印、印章盖倒后挖下再粘。另一种是外界对作品的损害，如腐蚀虫蛀、卷曲舒展失当而将作品折断或撕破、装裱时将原作切小而破坏了作品的完整等。凡此种种，都会降低收藏价值。

其三，是否揭裱补缀。古旧绘画除非万不得已，最好不要揭裱。凡揭裱绘画，无论裱工技艺多高，原作或多或少会受影

山水

姜筠

设色纸本 167cm×44cm

品相甚佳，作者收藏

青绿山水

黄山寿

设色纸本 167cm×40cm

品相极好，作者收藏

幽兰

清・于泽九

纸本水墨　镜芯 31cm×62cm

作者收藏

响。况且揭裱后常使作品失掉时代本色，还容易使人对作品的真伪产生怀疑。对此，宋人赵希鹄《论临模鉴藏》早有所言：“画不脱落，不宜数装褙，一装褙则一换精神，此决然无疑者。”补缀主要是指后人对原作进行修补或添描。

另外，还有截取作品的局部以充完整的，或将残缺的绘画剪裁、隔裂进而组合成对联、册页或斗方的，也有对联仅有上联而无下联、屏条和册页不足数的失群之作等等。对于这些，买者更要有所防备，免得受骗。

以上都是确定绘画价值必须考虑的因素。至于品相对作品价值的影响程度还要依具体情况而定。明代鉴赏家高濂《燕闲清赏笺》说：“收蓄画片，须看绢素纸地完整不破，清白如新，照无贴衬，此为上品。面看完整，贴衬条多，画神不失，此为中品。若破碎零落，片片凑成，杂缀新绢，以色旋补，虽为名画，亦不入格，此下品也。”此“三品”之论与现在大体符合，今人仍可参鉴。

第五章 绘画艺术品的购藏渠道和投资方略

绘画艺术品购藏渠道有：从书画艺术品拍卖会上购藏和网上购藏、从画廊画店购藏、从书画集市购藏、从艺术博览会上购藏、从私人藏家手里购藏、从画家手里购藏。不管通过哪种渠道，都得讲究策略、方法和技巧，方略对头才能使自己的投资获得应有的回报。

一、拍卖、画店、网购和自售

目前，拍卖会、画店、网购、自售是获取中国画的主要方式。如有人问我，眼下购取中国画走哪个渠道较为有利？我的回答是：最好是上拍卖会。我这样讲不是为拍卖行做宣传，而是根据我的投资艺术品实践得出的结论。

在几十年的收藏生涯中，我曾采取过多种购买方式，比较而言，我认为尽管拍卖存在诸多缺陷和不足，但其“公开、公正、公平”的原则是其他方式难以具备的。艺术品不同于普通商品，它很难准确定价，公开拍卖，透明度强，比较容易形成一个相对公平的价格。这件东西到底怎样？价值几何？通过亮相和众人竞争，立见分晓，这样做既可避免定价的随意性，也有益于防范艺术品交易中的欺骗性。况且，多数卖家也都愿意将收藏品送到声誉好的拍卖公司，因拍品集中，“踏破铁鞋无觅处”的东西，在拍卖会上也许“得来全不费功夫”。

山水
明·韩铸
作者在小拍购得

参拍是一种竞争，并且一槌定音，不得反悔。一系列程序和各种潜规则也让不法拍卖方钻了空子，以致在运作过程中玩了不少的“猫腻”。实事求是地说，如今不少拍卖活动很不规范，诚信度在很大程度上“变味”，公开、公平、诚信原则被少数从业者渐渐抛之脑后，并设下了种种陷阱。从法律层面上讲，《拍卖法》第六十一条规定：“拍卖人、委托人在拍卖前声明不能保证拍卖标的真伪或者品质，不承担瑕疵担保责任。”而这一条声明在任何一本拍卖图录中都可以找到。也就是说，无论拍品是真是假，成交后均不负任何法律责任。这让一些拍卖公司钻了法律的空子，而且那些不诚信的拍卖公司将此运用得游刃有余。从另一方面讲，法律规定是国际惯例，很多国家的拍卖行都是不保真的，但拍卖行不能据此而拍卖伪品。然而有的拍卖行，或是因把关不严，眼力不济，让赝品进入拍卖会，使买家蒙受损失。因此，买家必须清楚地认识到，参拍也有风险。

画店又名画廊，是陈列出售绘画艺术品的经营商店。有的画店以经营旧画为主，有的经营新画，也为画家代售画作及做中介。画店中的画作，有档次高、价位高的艺术画；有价位低的“商品画”。以作品真伪而言，有的全部是假画，内行人一看便知，往往不屑一顾；有的半真半假，假的多真的少；有的基本上都是真画，然价位偏高，店家的理念是“宁可卖不掉，身价不能掉”，他们的顾客大多数是内行。

在画店中买画，首先要看所售作品是否为真迹。各类画店对其销售画作的真伪心中有数，店主会将真伪告知于买家，真品价高，赝品价低。遇上这样的店主，买家不易上当。但有欺诈的店主并不少见。

出于收藏和投资，当然要去口碑好的画店买画。店主讲诚信，也懂行，所卖的画已替你把关事，即使价钱高些也值，总比买假“吃药”、“交学费”强多了。我就常在几家信誉好的画店买画，现在看来还是很合算的。有的画店卖画不明码标价，透明度不强，这一点与拍卖行相比就不占优势了。

由于互联网、电子商务的迅猛发展，

三羊启泰

清·朱偁

设色纸本 立轴 128cm×65cm

作者在大拍购得

从网上购藏绘画艺术品已成为可能。近年来国内涌现了大量书画艺术品交易网站，以方便投资者购藏。网购画作的长处是信息面广、不受时空限制、节约费用。

不足之处是网站的诚信度不够，画作的真伪以及结算、交割方式等尚存在不足。在网上看到自己喜欢或上档次的绘画艺术品，不可冲动，应多考察其真伪及品相，必要时应亲赴实物所在地进行鉴定。

山水横披

袁松年

设色纸本 68cm×34cm

作者在画店购得

岁朝清供

清·沈忠

设色纸本 106cm×56cm

作者在画店购得

雄视图

胡郑卿

设色纸本 立轴 121cm×38cm

作者收藏

自售分两种情况：一种是收藏者出让自己的藏品，一种是画家销售自己的画作。

买藏家的藏品有好的一面，一般情况下，藏家易手的画作大多是流传有绪，从知名收藏家及其后代手中接盘，风险较小。但藏家易手的画作中也有赝品，也不排除知假卖假，或不自觉地以假当真。特别是这类交易属于私下进行，买方一旦发现买入的书画自己不如意时，或转手遇到困难时，就会以价高或作品不可靠为由向货主提出退货的要求，使买卖双方都很不愉快。如果从朋友手里购藏，除了闹得不开心外，甚至会伤害朋友之间的感情。所以从私人藏家手里购买作品一定要懂行，有十足的把握，反复观摩作品，还得要多了解作品的内涵及市场行情，考虑充分后再做决定。

从画家手里买画自然保真程度高，但据我所知，买家在价格上可能较划算，但有时也不划算，真不如上拍卖会去买。现今我国经纪人代理机制尚不健全，一些小有名气的画家要价偏高，有的甚至漫天要价，一般购藏者也很难买得起画家的精品力作。画家自售作品，取决于画家的知名度。一般画商爱追捧有名气的艺术家，而真正的收藏家和投资人喜欢去发现新人，但现在这种有眼光的人太少，新人的画作所占份额不大。

二、摸清规律 驾轻就熟

艺术品拍卖公司分为大型、中型、小型三个档次。大型拍卖公司设大拍（一年两次）和小拍（一年四次）；也有人称大型拍卖公司会为“大拍”，小型拍卖公司拍卖会为“小拍”。

一般认为，大拍会的拍品名头大，质量好，保真度高，底价也高；小拍会的拍品名头小（或无名），质量较差，伪品比例大，甚至无真品，底价低（或无底价）。买家资金雄厚，想收藏高档作品，多参加大拍，也有的买家因资金所限或不愿做太大的投入，多参加小拍。我认为，大拍小拍，各有利弊，关键是能否摸清大拍小拍的规律，并能熟练地驾驭它。

大拍的画作之所以品质较高，是因为大型拍卖公司更注重声誉，出现赝品会使公司名誉受损，故对委托拍卖品把关很严，拒绝伪作和低档作品。另一方面，持有高档作品的委托方愿找大型拍卖公司，因为在那里常有大收藏家光顾，能拍卖出理想的价位。因此，大拍会上常见高端作品汇集一堂，为买家提供了选择精品画作的契机。当然，大拍也不是“保险箱”，伪作也有可能会混进来，亮相于此，更有欺骗性，所以参加大拍会更要提高警惕性。

小拍起点不高，主要是因为拍品来源所限，征集不到高档画作；而且又是面向人数较多的一般收藏者，故定位为“小型

桃花青鸟
汪溶
设色纸本 68cm×33cm
作者从大拍购得

拍卖”。因此，那些能上大拍的画作，肯定不上小拍，而低品、仿品、赝品常出现小拍会上。一些藏友以为小拍的画作便宜，一次拍回好几件，往往会上当。

当然，小拍会不全是伪品、仿品。小拍也有小拍的优势。一般而言，上小拍的画作，只是作者名头小些，但也同样具备投资空间和收藏价值。对一般收藏者来说，参加小拍，一来“练眼”，二在投入不多的情况下“牛刀小试”，逐步提高自己的艺术收藏涵养和功力。

小拍门槛低并不意味着里面全部都是低档货。有时送到小拍的画作，主家和拍卖公司都没有看明白，或名家当无名拍了，或好画当次画拍了，或真品当假品拍了，一些常跑小拍的明眼人就是冲着这些去的。

2009 年春的一次小拍，出现了两幅花鸟斗方（33 厘米 ×33 厘米）。一幅画两只白头翁及山茶花和白梅花，另一幅画两只青蛙及芦花和水草，勾染利落，层次分明，鸟和蛙的姿态各异，惟妙惟肖，充满了动感与生机，花草清雅秀美，妩媚多姿，给人以心旷神怡之感，充分显示了作者深厚的花鸟画功底和独树一帜的艺术风格。两幅作品显然是出自大手笔。再细看钤印，朱文“江氏上渔”四字印清晰可辨

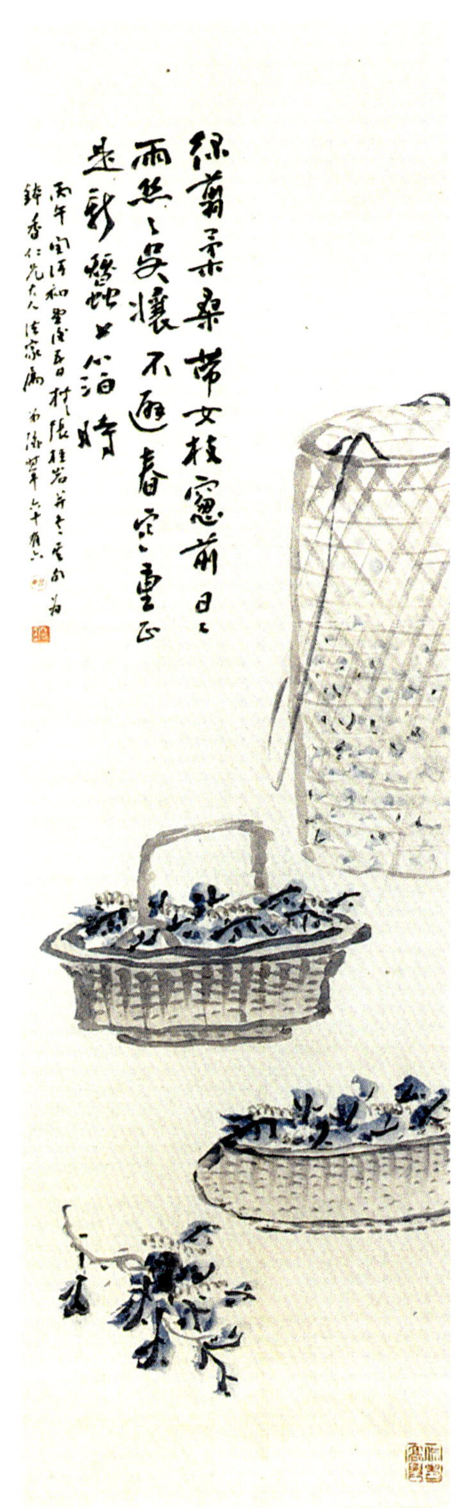

花卉
清・姚琛
纸本 立轴 108cm×32cm
作者从小拍购得

花鸟镜心
江寒汀
设色绢本 镜心 33cm×33cm
作者收藏

花卉图
曹简楼
设色纸本 立轴 100cm×50cm
作者藏品

（其实是图章款）。这不明明是现代著名画家江寒汀的作品吗？可拍卖公司却没有发现，目录和作品旁却标着“佚名”的字样，而且底价极低，在拍场上只几个回合两幅佳作便全归我所有。

江寒汀（1903—1963），名上渔，以字行，江苏常熟人，当代海上花鸟画“四大名旦”之一（另有唐云、张大壮、陆抑非）。16岁从陶松溪习花鸟画，28岁开始以鬻画为生，于20世纪40年代寓居沪上。江氏为求生存，对海派先驱虚谷之画心摹手追，刻苦用功，久而久之，几可乱真。

唐云曾评曰："虚谷画多枯笔涩笔，微乏丰润之致。故友寒汀老兄偶拟其意，不仅得其笔法，华茂之气，活跃纸上，有过虚谷……"此后，江寒汀又纵观明清名迹，兼学林良、吕纪、华喦、任颐，悟其谨严放纵之情，由此技艺益进，无论双钩填彩，还是没骨写生，皆能得心应手。其画风近清代华喦一路，构图稳健，笔墨老到，色彩明丽，形象生动。江寒汀尤喜描绘各种禽鸟，所作无不栩栩如生，神形兼备，具有精妙高超的写生本领。江寒汀的作品屡屡在各大拍卖行亮相，精品价格大幅攀升。2002年他的力作《鹰击图》被朵云轩拍至10万元。2005年这件作品再次被上海天衡拍卖公司推出，成交价高达103.4万元，3年翻了10倍。我拍得的江寒汀作品，其价格与之相比简直微不足道。

有人说："中国文物从'文革'时的一文不值，到近几十年来逐渐身价倍增的过程中，大家都在'捡漏'，这几年是历史留给我们的'捡漏'的时间。但是2009年秋拍，把'捡漏'的时代终结了，开始了一个新的时代，就是砸钱的时代，要买好的文物一定要花好的价钱。"所说确实不假。不过，说现在无"漏"可捡却也不尽然。无论是大拍还是小拍，更像是个"批发市场"，除了一致看好的大名头之作外，总会有一些不为人们所注目、不被人了解的冷门拍品，这里面也许就有"漏"可捡。

花鸟
闫丽川
31cm×66cm　作者从小拍购得

"捡漏"除需要眼力和运气外，掌握拍卖规律、学会驾驭拍卖本领又有谁能说不重要呢？一些奔走于小拍的藏家，他们寻觅那些"虎落平阳"的画作，正是那些栖身于小拍上的"漏网之鱼"。

松寿图
王永年
设色纸本 镜心　52cm×97cm
作者藏品

三、审慎冷静　稳操胜券

收藏中国画，鉴别真伪优劣需要学问，参拍购买也是大有学问的。审慎出击，冷静对待，可以使自己在购买藏品中少留遗憾、不留遗憾。我把买家参拍比喻成参加考试就是基于这种原因。试卷答得满意，东西买得地道，物有所值，才能皆大欢喜。

买家如何参拍？我认为首先应当把握好参拍前的预备环节。常言道："不打无准备之仗。"当你决定参加拍卖时，必得认真翻看拍卖图录、观看预展，从作品的品质和价格上进行横向与纵向的比较，找出你认为适合的拍品。目标确定后，还要反复地查看，如果发现作伪的痕迹和瑕疵，再进一步决定取舍。对于生僻的作者，要查阅相关资料，弄清其生平和作品价位。选好作品，就要设定好自己的心理价位，即你认为能够接受的价钱的最高上限。其次是拍卖中的环节。从你步入拍卖场的那一刻起就要集中精力，密切关注拍卖过程，不要错过竞争拍品的时机，不要因马虎将

侍酒图
清·罗允夔
设色纸本
作者收藏

拍品混淆，争回自己本不想要的东西。如果因故无法亲临现场，可委托他人或以电话委托工作人员代买。

参拍的最大忌讳是轻率。常遇到这样的买家，事先连预展都不看，贸然来到拍卖现场，单凭图录举牌竞拍。举回的拍品或真伪难保，或品相不佳，叫苦不迭，但悔之晚矣。我曾在北京一拍卖会参拍，事前没看实物，仅在图录见一署名齐良迟的人物画，按图录所示，此作品长 68 厘米，宽 45 厘米，立轴，设色纸本，

山中访友
现代·翟奉南
设色绢本 立轴
70cm×22cm
作者收藏

山水
现代·吴云心
设色纸本
80cm×33cm
作者收藏

无底价。构图为一侧坐的佛，宽衣大袍，手拈一香，题篆书“无量寿佛”，落“三百石印齐后人”款。我未加推敲，随意将其竞购到手。付款后打开一看，连呼上当。

人物（现代仿品）
齐良迟
立轴 67cm×45cm

如果仅从图录上看，其画风、题款、钤印等与齐氏真品几无差异。但拿到实物，则笔触无力、书法呆板，作伪之破绽一目了然。

冷静出击，审慎应对，说来似乎并不难，但遇到实际情况，不少买家却总是做不到。有时拍卖现场异常火暴，拍品“炒”得厉害，参拍者容易搂不住火，跟着一块儿举牌，结果是购买货价与作品水准背离，花了不该花的钱。我在一次拍卖中看中一幅《双马图》，为设色纸本，长130厘米，宽43厘米，原装裱。为戈湘岚画马，马仲山补景，底价标为4000元。我心理价位是不超过8000元。拍卖中画价直线上升，超过了8000元，我未再举牌，我的决策是经过慎重权衡和深入思考的，如再乘势而上，其增值空间会越来越小，将与我逢低吸纳的初衷相悖，对我不利。

浮躁的心态不仅来自外部的“激发”，有时还来自内心难以抑制的“贪婪”。身为买家，莅临拍场，当自己看好的拍品因超过心理价位而屡屡未能得到时，总不想空手而归，于是一改变初衷，将目标转向了自己事先未能看好的其他拍品，失误便由此而生。几年前在一次大型拍卖中，我看好一幅蒙树培的山水画，约4.3平尺，设色纸本，为原装裱镜心，底价标为5000元，我的心理价位是7000元。但在拍卖中，这件作品超过了我的心理价位，未能购得。此时本可打道回府，却又不甘心走，临时起意，想拿另外几件，便盲目举牌，收场时我拍到两件拍品：一是海派画家任预的山水扇面，一是京派画家金章的花卉立轴，两件共花费了8800元。取回家仔细观看，任预扇画的款识字迹残缺，金章的画是后添款的冒牌货。

拍卖场上本有规律可循。驾驭这个规律，胜券在握，买到心仪藏品，花钱不多，获益多多。一旦在参拍的环节上失误，既损失钱财，买回毫无价值的东西，看着别扭，扔了可惜，真是一件窝心事。

四、趋利避害 乘隙而入

参拍是竞争性活动，拍品的最终落槌，决定于参拍者对该拍品的认可度。然而，拍卖时到场人数之众寡、经济实力之强弱、欣赏水平及兴趣，也在左右着拍品的价位。这种“水涨船高，水落船低”的游戏规律对买家来说，其实是一种机遇，成熟的参拍者可借此在拍卖场上大显身手。

2010年隆冬时节，天津一家拍卖公司举办书画拍卖专场，拍品中有署名“篆香阁主吴青霞”的山水镜心六幅（29厘米×40厘米），设色纸本，每幅皆题有诗句，字迹娟秀雅俏，其中一幅落“丙子三月”字样。画幅不大，每幅一景，或田畦林木，平岸缓坡；或野村房舍，小桥人家；或远山如黛，逶迤起伏；或河溪纵流，孤舟汀渚，幅幅幽雅清丽，宁谧安祥。

作者吴青霞生于1910年，现代女画家，原名德舒，号龙城女史，别署篆香阁主。

江苏常州人。11岁学画。1927年毕业于常州女子师范。1928年赴上海。1934年与顾飞等共同发起成立中国女子书画会，并当选理事。从1930年起作品先后在东京、温哥华、赫尔辛基、巴黎等地展出。1956年后为上海中国画院画师。1988年被聘为美国加州大学洛杉矶分校客座教授。善画人物、山水、花鸟，尤擅鲤鱼、

山水

吴青霞

设色纸本 镜心 40cm×29cm×6 作者收藏

芦雁。丙子年为公元 1936 年，吴青霞 26 岁。此前她已与冯起凤、李秋君、陆小曼等 150 余人组成中国女子书画会并任理事，六幅画正创作于这个时段，是吴早期之作。吴青霞这组作品被我一眼相中。六幅画所标底价并不高，开始还有人争抢，但叫到几千元再也无人举牌，我心中窃喜，当即中标。

根据我的分析与观察，那场拍卖会的参拍者有以下几个特点：其一，许多买家是冲着本地名头来的，对京津一带画家尤其当代天津人的作品竞争较为激烈；其二，参拍者多数为当地人，对外地作者不熟，也不感兴趣；其三，对吴青霞研究不透，见其所作鲤鱼、芦雁多，山水人物少，对作品真伪拿不准；其四，多数人对作品的文化内涵关注不够，对作品的题诗、印章等未做深入剖析。另外，还有一个特殊情况，那天天降大雪，出行困难。由于这种“鬼天气”，好几个重要买家都没到场，拍卖公司也无可奈何，而我却获得了“渔翁得利”之便——这又是沾了“天时”的光。

以上情况表明，拍品的最终价位与“天时、地利、人和”都有关系，特别是买家的构成这种“息息相关”的作用力更是由此可见一斑。如果您想在拍卖会上购得几件好的作品，那么您首先要注意到的就是这场拍卖会竞拍者的层次和水平。竞拍中要善于趋利避害，见机行事，力争以最小的代价取得最大的利润。对看准了的精品有时就得强攻强打，志在必得；有时炒得过猛，众目所望，就得退避三舍，以图再战。当人气过旺，对某一作品炒过了头，以至碰到“冤家对头”时，你尽可避开风头，放过一把，不必跟风；当拍卖场人气低落，对某一真品毫无兴趣时，你正可乘机而入。“打得赢就打，打不赢就跑，赚钱就打，赔本不干”，用于字画投资再合适不过了。

竹石图
清 · 竹禅
设色纸本 立轴 130cm×65cm
作者收藏

五、罕品佳构 穷追不舍

在艺术品市场有时会碰到"稍显即逝，可遇而不可求"的作品。有的属于画家一生艺术成就的标志，有的属于具有特殊意义的稀见之作。如若有幸与其相遇，心动不如行动，理应势在必夺，防止将来发出"过这村没这店"的慨叹。尤其是被行家认准的"漏儿"，更要穷追不舍，就是价钱"冒"些也不轻言放弃，行里人管这种情况叫"顶着上"。

在拍卖会上，我遇到一幅张城的山水立轴，题材是"探梅"，笔墨精妙，色彩淡雅，楚楚有致。张城（1868—1922），字寿甫，受黻，笔名瘦虎。早年曾任教于北洋客籍学堂，任职直隶实业厅、教育厅。平生所事，主要为绘画，对山水、人物画均有很深造诣，对仕女画尤为擅长。1914年其作品曾代表中国参加巴拿马万国博览会。常创作讽刺官僚现象与社会不良风气的作品，代表作《升官图》，画一太师椅上坐一盘腿翘脚的美女，手持绘有黑龙江地图的折扇，美女脚下跪一官员，手指着美女用纤足踢给他的顶戴花翎帽。画上题款有"愁父"、"醒汉"，并画了两方印"时评"和"不要脸"。整幅画面除题目"升官图"外无一处文字说明，但当时人们一看便知，原来此画是讽刺小军阀段芝贵为谋取黑龙江署理巡抚之职，献名伶杨翠喜贿赂皇族贝子、农工商部尚书载振的丑事。《升官图》送到《醒俗画报》，社长温小英、主笔陆辛农十分赏识，就在画已印出准备随刊单页派发时却遭扣发，引起争执后，陆、温愤然辞职。张城由此得

升官图
愁父（张城）作

张城 （1868–1922）

探梅图
张城
设色纸本 立轴 80cm×39cm
作者收藏

“愤世嫉俗”之名。《探梅图》作于“壬寅小春月”，即清光绪二十八年（1902）的春天，是在张城《升官图》之前。张城去世较早，虽一生从事绘画，但存世作品甚少。《探梅图》可称是一位特殊的作者在特殊背景下创作的作品，对于近代历史、文化和艺术具有见证意义和研究价值，我毫不犹豫，立即将其买下。

罕见佳构，大都转瞬即逝，若失之交臂，将来必定后悔。作为投资者，必须当机立断，迅速作出抉择。以黄辅周的舌画为例。此人生于1883年，在中国近代艺术史上是个了不起的人物。他于1905年考入日本东京美术学校油画科，并参加了最早的话剧演出，孙中山先生曾为其题写“改良戏剧”四个字。黄辅周的绝活是用舌头作画，看过的人无不惊奇，称他是“艺林怪杰”。然而，因种种原因，他的舌画

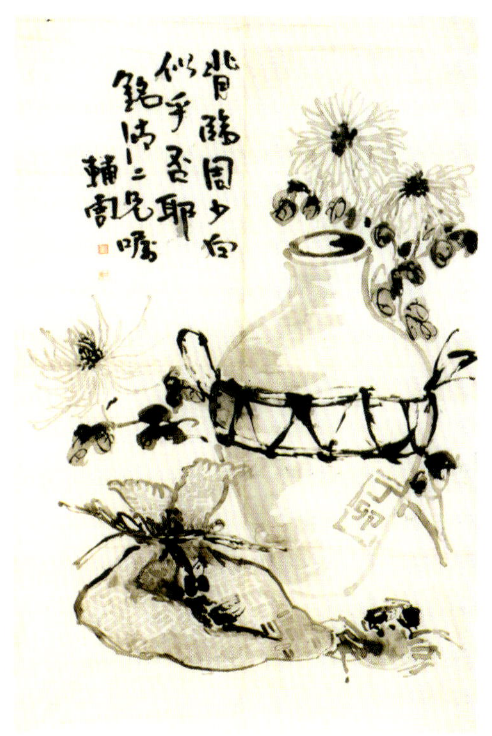

花卉
黄辅周
水墨绢本 镜片 105cm×69cm
作者收藏

花卉
黄辅周 镜心 54.5cm×116cm

极其稀见。郭长海先生《李叔同和黄喃喃》一文中提及黄辅周画作时称："他们的舌画作品未见有真迹流传于世，但在当年的报纸上还能找到一些……如今这些也已成为珍品了。"他在另一篇文章中写道："每次当众作画，画毕即送人，不自留稿，故大量佚失，自家手里少有保存。"笔者保存一幅黄辅周真迹。此画长103厘米，宽67厘米，绢本水墨，画面为一大酒坛，且有菊花、螃蟹等，款题"背临周少白似乎否邪，铭清二兄嘱，辅周"，乃行书大字，钤"黄辅周印"和"二南"印。更难得的是这幅舌画品相甚佳。酒坛之上有"丁卯"二字，看来此画当作于1927年。

我收此画也不易。黄辅周这幅画在一次小拍突然露头，我志在必得，可拍卖当天我因急事脱不开身，便托朋友代我举牌。事后朋友告诉我，黄辅周的舌画还是让别人拍走了。我仍不死心，多方打听找到那位买家，恳请他将画转让给我，对方起初不愿意，我好说歹说，最后让我再加2000元才将画卖给我，虽然多花了钱，总算是如愿以偿。那些珍稀罕见的艺术品，今天觉得价高，几年后反而觉得太便宜，这也是艺术品市场的规律。

20世纪50年代末，黄辅周在农村

六、立体权衡 价比三家

决定中国画价值的因素包括画家的名望、画的样式、内容题材、作品存世量、年代远近及人们的欣赏时尚等。而作者知名度、尺寸、品相往往对绘画的价格起决定性作用，卖家和拍卖行一般都是依据这些确定一幅作品的价位。

然而，绘画与汽车、电视机之类相比，后者价格较为单纯、透明度强，绘画属于特殊商品，由于对其评判的复杂性和对销售行情认识上的局限或误差，绘画的定价又存在着随意性的一面。同一作者同一类作品价格不一，甚至悬殊的情况时有出现。字画行业这种特有的现象为精明的收藏者提供了一个低价吸入、转手盈利的空间。

最明显的例子是我购取梅振瀛作品的经历。

梅振瀛生活在清末民初，字韵生，晚号归余老人。天津人。光绪时优贡生，候补知县。善画兰竹、山水，尤善画金鱼，亦善书篆隶、行楷。工诗，与书画堪称三绝。《增广历代画史汇传补编》等均有他的记载。

梅振瀛的画在中国嘉德、天津国拍、天津文物公司等大拍中多次亮相。天津市文物公司2004年春季大拍，他的一幅设色绢本竹石立轴（125.5厘米 ×66.5厘米）底价8000元。2005年12月嘉德四季拍卖中，其绢本竹石四条屏，每条长135厘米，宽34厘米，底价1.2万元至2.2万元。2006年天津文物公司秋季大拍，其水墨绢本竹石四条屏，每条长147.5厘米，宽39.5厘米，底价2万元。以此为参照，梅振瀛竹石题材的作品每平尺当在1500元至2000元间。而我在购买他的作品时，采取的是“立体权衡，价比三家”的策略。利用某拍卖行未能与其他拍卖行在价格上接轨的空隙，买到一件“便宜货”。

那是2007年6月，天津几大拍卖公司几乎是在同一时间举行文玩艺术品拍卖。我逐一翻阅图录，观看拍品，发现有两家拍卖公司都有梅振瀛的竹石图。一为高103厘米、宽63厘米的立轴，设色绢本，作于1925年，钤印“臣振瀛印”、“韵生”、“以书作画画作书”，题识“乙丑仲冬中浣拟文与可先生法，八十三老人韵生梅振瀛”。此画标底价6000元至7000元。另一家拍卖的竹石图为高91厘米、宽22厘米的立轴，设色纸本，钤印“梅振瀛印”，题识“庚申新春七十八叟梅振瀛写”。底价标800元。如此算来，此画的底价仅为前者的1/8。若按尺寸折合，前者为一平尺1000多元，后者仅为一平尺400多元。

经过权衡，我参加了后一家拍卖公司的竞标，当拍至这幅竹石图时正好无人与我竞争，遂以880元（底价加佣金）购得。

梅振瀛的这幅竹石图小中见大，书卷气甚浓。此人生于道光二十三年（1843）癸卯闰七月十三日，卒于民国十七年（1928）戊辰十一月初七日，享年86岁。我购得的竹石图颇能代表梅之画风。作品从文与可、诸升画中汲取精华，以石绿画竹，以墨勾石，尤显清逸典雅，简洁大气。民国间陈汉第等人画竹多用此法，颇具文人气息。从款识上看，此画创作年代当在1920年。我购取梅振瀛的这幅画不光考虑尺寸这个单一因素，对其他方面也做了比较。因为衡量一件作品的价值除了名头与画幅的大小，还取决于是否精美、是否完整、是否原装裱等。如果作品不精、残破、揭裱，即使尺幅相同，其价值也会大

富贵长年

陈半丁　辛丑年（1961）作
设色纸本 立轴　147cm×61.5cm
钤印：山阴陈年、半丁老人
见于国内的一次大拍

竹影绰绰

清・梅振瀛
水墨绢本 条屏 148cm×39.5cm×4
钤印：梅振瀛、澂波
RMB：38,000

打折扣。我的那幅竹石图则不存在这些问题。由于是在“同一起跑线上”，再与其他作品的价格做比较，并从尺寸上加以衡量，我才算是真正得到了“便宜”。

立体权衡，价比三家是有前提的。首先是买家对市场行情心知肚明，即对某一画家作品的基本价位、最高价、最低价要有个尺度，否则无法进行比较。其次是对不同卖家对某一画家作品售价心中有数，要放开眼界，迈开双腿，多跑多看，善于从多家拍卖行、画店中寻找一物数价的契机，开掘低价购进的渠道。如果不是这样的话，就是梅振瀛的那幅竹石图摆在那里也不会被我发现。

七、打地区差 逢低吸纳

同一件作品，在某一地区是一个价，在另一个地区可能又是另一个价，这叫“地区差价”。有一类买卖字画的高手在当地吃进某名家作品，立马到异地抛出，赚的是“地区差价”。

造成地区差价的主要原因是，不同地区对某一画家推崇的程度存在差异。一般是对本地画家耳熟能详，格外看重，但在外地则未必如此。我收藏打“地区差价”是在本地以不高的价位购取京津一带不太看好的外地画家作品，或在外地购得京津画家的作品。

例如江浙、上海籍画家，尤其是略小一些名头的画作，在天津的价位不高，而在民国年间天津一些商人往来于津沪之间，带来许多海派作品，我在购买时以面向全国的目光，打破了地域偏见，“该出手就出手”。我有一幅徐世泽的人物立轴，题为《围炉松下憩》，作于1943年，设色纸本，长65厘米，宽34厘米，画面上一老者手持如意侧坐于松下，其旁一炉正在炼丹。人物面部刻画细致，造型准确而传神，衣纹线条刚健，工中带写。上题七绝一首：“国手由来付与谁？人间犹仰汉仙师。丹成炉内求都应，袅袅香烟盛不衰。”落款为“癸未除夕芷湘徐世泽敬题”，钤“世泽”白文印和“芷湘”朱文印，右下为朱文“丁曙容印”，乃收藏者所钤。另有一幅吴东迈花卉立轴，设色纸本，长146厘米，宽39厘米，画面为盛开的红牡丹，姿态自然，色彩浓郁，枝干以水墨勾画，气魄厚重，用笔奔放。题款为“丁酉夏安吉吴东迈”，钤朱文“东迈”印。丁酉为1957年。

徐世泽和吴东迈都是江浙人。徐世泽（1869–1943），字芷湘，江苏吴江人，清朝举人。此人工书法，初学颜真卿，后服膺何绍基，因何号蝯叟乃自号次蝯。真草隶篆四体俱饶功力，隶得汉碑神髓。间亦作画，与任伯年、陆廉夫、吴昌硕、顾鹤逸等相切磋，但画幅绝少流传。吴东迈（1885–1963），又名吴迈。浙江安吉人，吴昌硕之子。擅长花卉画，风格继承家学，具质朴古艳之趣。书法厚重沉着，亦有父风。生前为上海中国画院画师、中国美术家协会上海分会会员、上海中国书法篆刻研究会会员、上海文史馆馆员。徐、吴两人在江浙均有一定的地位和影响，然在天津则未必有人知晓。这两幅画在天津字画市场一般不为藏家看重，我即分别以几千元之价购得，如果流入江浙字画市场，这种价位是绝对拿不到的。

围炉松下憩

徐世泽

作者收藏

花卉

吴东迈 立轴

作者收藏

异地购买是需要“本钱”的，这“本钱”就是买家对各地名头的熟知，如果一时不能脱口而出，可于购买前在书刊或互联网对作者进行充分的查证。前几年市场上出现一幅署名“翼云”的花鸟立轴，设色纸本，长 132 厘米，宽 45 厘米。此画上的喜鹊俏丽而极富动感，芭蕉叶占据了大部分画面，正反俯仰，文秀清逸，花叶层次丰富，花瓣薄施淡彩，婉转多姿，整幅画设色淡雅，构图饱满充实，透出俊雅、明朗的神韵。经过我的查证和分析，翼云其实是清末画家吴培风，翼云是他的字。他是杭州人，山水宗法文、沈，偶有花鸟

松林策杖
邓怀农
设色纸本 立轴 63cm×38cm
作者收藏

花鸟
吴翼云 立轴 作者收藏

寻梅图

李霞 136cm×69cm 作者收藏

之作。此画在天津的几场拍卖会上数次露面，或题为《鸟啭花浓》，或题为《花枝栖食》，周游数番，最终以低价归于我手。当初天津诸多玩家对此画未能看好，我想极有可能是不知作者其人，如果只看“翼云”署款自然不甚了了，如果能通过查阅材料获得更多信息，弄清吴翼云即是吴培风，这幅画恐很难为我所得。

“打地区差，逢低吸纳”，是收藏投资中国画极为划算的运作方式，它可使藏家以有限的投入获得可喜的回报。我珍藏有一幅徐庶之的山水作品，长 1.25 米，宽 32.5 厘米，上题“拟髡残僧意奉叔亮老兄方家正之，一九六八年春庶之”，钤白文“徐庶之印”，压脚印“天山南北”。又有黄叔亮先生跋语：“仙居直接天台终，

叱石成羊

钱云鹤

设色纸本 立轴 110cm×56cm

作者收藏

无数青山与云树，行人已在画图中，又复携图入山里。叔亮题，乙酉于京东。”此画笔力刚健，深厚大气，非一般俗手可为。徐庶之先生实乃当代西北绘画大家，河南光山人，曾从师赵望云，先后任职于西北文学艺术联合委员会、西北文化部、新疆画院副理事、新疆美协副主席。先生的画价位颇高，2005年6月中国嘉德四季拍卖会上，他的一幅《春徙图》（48厘米×475厘米）底价标为1.5万元至1.8万元。而我在天津的一次小拍上竟以千余元底价如入无人之境轻易购得，正是在“地区差价”上捡到了便宜。

八、按兵不动 不急不躁

艺术品市场行情瞬息万变，一件作品今年一个价，明年又是另一个价，我把这种现象叫做“时间差价”。名人绘画作品随着时间的推移，其增值空间之大，令人难以置信。

2007年夏，我随一位朋友来到鼎天拍卖公司举办的津派书画专拍现场，在诸多拍品中发现一幅萧朗先生的扇面画。此画以小写意手法绘蝈蝈白菜，笔法劲秀自如，简练超逸，虽无繁缛之笔，但蝈蝈之神态、白菜之叶貌，清新淡雅之致跃然纸上。这件作品底价3000元，拍卖中价位轮番上升，最终以1.2万元落槌。

萧朗为天津美术学院教授，早年师从王雪涛，并得齐白石、王梦白、陈半丁等人教益。先生擅花鸟，尤喜画鸡及各种草虫，笔墨简练，意态生动，画风秀润净雅。按萧先生的艺术成就和目前绘画市场行情，他的这幅扇画卖到1.2万当在意料之中。然而令我感叹的却是它的“原始价”——我清楚地记得，这幅扇面画最早的所有权是我，是我在20世纪80年代末以1000元之价出让给别人的。20年弹指一挥，此画由1000元提升至1.2万元，这是我始料不及的。

其实在艺术品市场上，名家优秀作品价位逐年上升，是普遍趋势。现代名家李苦禅、王雪涛、黄胄、谢稚柳、陈佩秋等人的作品，在20世纪90年代初价格较低，现在都已是热门人物，其作品动辄数十万乃至上百万。翻开21世纪初天津几家大型拍卖公司的拍卖图录就会发现，像吴湖帆、胡佩衡、萧谦中等画家作品，一件三四平尺的条幅，过去价格都在万元以下，如今已达数万甚至

作者当年购藏的溥儒山水画

几十万元。行家认为，名人绘画的市场前景依然看好，名人绘画精品，未来的升幅仍会相当可观。

鉴于上述情况，我认为搞中国画收藏一定要有前瞻性，对于好东西要守得住、看得住。一看某人作品行情稍稍上涨，就沉不住气，急于出手，将来准会发出“往事不堪回首”的慨叹。

我曾写过一篇题为《买溥儒画》的文章，其中提到我在20世纪80年代初从一中年男子那儿见到一幅溥儒的原装裱山水镜心，此画有山、有水、有树、有房屋、有人物，坡石草屋，岗峦洲渚，笔法苍秀，意境清幽，款曰“卧垅云气渡河秋，天际孤霞日月浮”，钤印“旧王孙”、“溥儒”、“玉壶”。当时我开价110元收购，主人接受了。因为当时文物店收购此画最多给80元，我出价还算是高的。

我在那篇文章中讲了买画的经过，并没更多地讲此画的下落。此画在我手中仅4年，有人领来一位买家，愿出1.6万元收购。我当时认为此价不低了，心中窃喜，便欣然出让。没想到这种水平的作品，没过两年就上涨至3万元，如今的价位起码在七八万元。当年我的出让价不过是“原始股”的价。

名人绘画的价格上扬势不可当。如果您手中有精品，又不急于用钱，最好不要急于出手。从某种意 义上讲“按兵不动”的策略是有一定道理的。

枇杷寿带

梁崎

设色纸本 镜心 76cm×32cm

作者收藏

山水

黄君璧 作者收藏

九、低吸高抛 伺机而动

“按兵不动”说的是收藏中国画要稳扎稳打，但不意味着“永远不动”。搞收藏有个人所共知的原则，叫做“以藏养藏”。有一类买卖字画的高手往往是买进某一名家画后，存放数年再在市场上抛出便赚了钱。这就是“低吸高抛，伺机而动”。

20年前我曾收藏一本题为《津沽绘影》的册页，册页共12开，收入溥佐、孙其峰、王颂余、王学仲等12位天津著名画家的绘画作品。这部册页当初我是以不到千元的价位出手的。有意思的是，此册页后来多次在天津大型拍卖会上亮相，底价逐步升级，开始是2000元，以后为3000元。2002年6月该册页又在天津国拍上露头，底价是3000至5000元，结果以6000元成交。2005年、2007年又先后出现在国源和鼎天两大拍卖现场，最终又以1.2万元易主。

对于此事，我并不后悔。这是艺术品市场规律的体现，任何高品位的作品总有广阔的市场和增值空间。如果要后悔的话，该后悔的事太多了，而且每位字画投资者几乎没有一位不曾遭遇过这样的“悔事”。因为成熟的藏家心里都明白，搞收藏总得有进有出，有赔有赚，不可能永远是百战百胜的赢家。

四喜图
孙其峰 作者收藏

说到这里，眼前又闪出自己当年收藏的一幅于非闇山水画。

1987年夏，一个星期天的上午，贩卖旧物的胡某从一只破篮子里取出一卷纸

本片子向我推销。这是一张长98.5厘米、宽33.5厘米的浅绛山水，传统画法，画的左上方题诗一首，诗后有“丁卯三月非厂弟于照”款，其字颇有康有为书法的味道，款下钤长方形“非厂”朱文印，对此画，我表面不以为然，心中已断定此乃于非闇先生的早年作品。经过一番讨价还价，我以1000元购得。8年后，我将画拿到天津1995春季艺术珍品拍卖会参加拍卖，得款1.3万元。现在看来，这个价位确实不高。但我正是拿这些钱又购得一部分中小名头的作品，如今也都升值了。这件事说明，作为藏家，即使你再有钱也不可能买一件留一件光进不出，而总得设法让一些东西“生”出钱来再购买新的藏品。

采取“低吸高抛，伺机而动”的方略除了基于“循环往复，以藏养藏”的考虑，还有一个重要理由，即艺术品市场变幻莫测和某些作品价位的不稳定性乃至跌价的冷酷现实。用俗话讲就是，不是所有的画都是越放越值钱。有的作品在作者在世时价值高，作者故去其价反而降低；有的早先价高，后来价格不断下跌。这更需要买

篝镫课子
于非闇
庚午年（1930）作 水墨纸本 立轴
钤印：非厂、照、花萼楼
96.5cm×34.5cm
RMB：35,000

家看准市场走向，该抛则抛，该留则留。现今还有一些作品，人为炒作，价值与艺术相背离，作为藏家千万不可跟风盲从。有道是“希望大，失望也大”。啤酒是有泡沫的，但愿您花重金购得的藏品是真正的啤酒，而不是啤酒的泡沫。

尘不染香成阵
霍春阳
设色纸本 69cm×69cm
作者收藏

十、平和低调 不事张扬

平和低调是参拍的一种姿态，也是一种谋略。过于张扬，招人注目，不仅显得缺乏稳重和矜持，而且还会付出不必要的代价。那些有眼力的买家常被人在拍卖场上尾随其后，看你举牌，他也举牌，无形中增加了竞争对手。所以，一些拍卖场上的老手大都不显山露水，观看预展不动声色，并且尽可能避开别人；在拍卖会上座位也选在后头或两边，就是为了不引起别人的注意，最好是“如入无人之境”，以便顺利地拿到自己钟情的拍品。

当然，也有些买家，财大气粗，专在明处大摇大摆，以自己的实力和气魄，迅雷不及掩耳，超越竞价阶梯猛然喊出一个高价，一下子把价位提得很高，让常人难以接受，用强势压倒竞争对手。这是另一种谋略。

拍卖会上要低调，在店里买画也不宜张扬。见到精品，锋芒毕露，在店主面前表现得特别心切，对方立即意识到此物奇货可居，本来要价不高，如此一来，竟张口报了个天价，使买家无法接受而可望不可求。行里人管这种情况叫“惊了卖家”。

有一年的国庆长假，我正在家休息，一家画店的店主打来电话说：“刚进了两幅画，一幅是樊圻的山水，一幅是冷枚的

罗汉图
清·冷枚 作者收藏

人物。”

“我查了查书，这两个人典里都有。”店主怕我不认，又补充道。

这两个名头令我怦然心动。的确，他们都是清代大家！但我又不敢相信是他们的真迹。

“还是看看东西吧！”我驱车赶到那鸡毛小店，店主告知，樊圻的山水画已被人买去了，只剩下冷枚的一幅人物画。

冷枚这一小横幅（约40厘米 ×30厘米），设色绢本，四周镶古色古香的宋锦。画面绘一在山洞中的罗汉（可能是达摩），合掌上香，烟气袅袅升至洞外。罗汉双目传神，不爽毫发。人物景观采用透视明暗画法，工细而考究。石、树等着色用石青、石绿、朱磦，清艳洁净，秀雅轻灵，绝非一般仿手所能为之。画仅钤两印，一为螭虎白文“冷枚”，一为白文四字“金门画史”。无需复杂的破解，从工中带写的画风、准确而有法度的造型、工整而扎实的笔法及对绢、墨、色、印诸方面的综合考察，均无任何理由怀疑它不是冷枚的真迹。然而店主并不了解冷枚在绘画史上的地位和作品的精致，我也权当不知，表现

福禄长年

冷枚

设色绢本 立轴

钤印：臣冷枚、金门画史

122.5cm×62.5cm

RMB：1,200,000

《福禄长年》立轴作于辛亥(1731)年，史载冷枚因政治原因于雍正皇帝在位的13年(1723—1735)中，并未入宫供奉。这一史实恰恰能够解释《福禄长年》款识为何仅书“金门画史冷枚敬写”，而未落臣字款。《福禄长年》吸收了西洋绘画技巧，重视阴影与透视的使用，描绘精微细润，赋色典丽妍雅，意境温秀静谧，显示出作者高度的概括能力和精湛的艺术表现技巧。

出模棱两可、毫不在意的样子，对方只当普通的字画看待，以并不太高的价钱卖给了我。

冷枚，字吉臣，号金门外史，山东胶县人，是清代画坛赫赫有名的人物。他是焦秉贞的弟子，供奉内廷。善画人物、界画，得力于西法写生，工中带写，典丽妍雅。画迹有康熙四十二年（1703）作仿仇英《汉宫春晓图》卷。康熙五十年参加《万寿盛典图》卷制作，总裁为王原祁，曾著录于《国朝画征录》。论者谓其“笔墨洁净，赋色韶秀”。传世作品有雍正三年（1725）作《九思图》轴，图录于《金匮藏画集》；《麻姑献寿图》轴，现藏山东博物馆；《宫苑仕女图》轴，藏美国波士顿博物馆。

因冷枚真迹珍稀罕见，故极少在拍卖会露面。天津文物公司2005年春季拍卖会推出一件冷枚《献寿图》立轴，长122.5厘米，宽62.5厘米，钤印“臣冷枚”、“金门画史”，作于1671年，底价为120万元。同年秋季中国嘉德拍卖中也有两件冷枚作品。一件为《康熙六十寿辰庆典图卷》，水墨纸本，为手卷，此作品为上下两卷，下卷前段微损而大部分完好，徐邦达书以跋语，述其流传。此作底价标为150万元至200万元。另一件作品《昭君出塞图》，设色绢本，约4.4平尺，钤“冷枚字吉臣印”和“金门画史”印。底价标为12万元到18万元。现在清末和民国间仿冷枚的作品亦在一两万元以上。我购藏的冷枚作品与奉敕而作的皇皇巨制

和一米有余的高头大卷自然无可作比，但毕竟也是精美的真迹，每一展现，恍置炉香佛国间，真可喜可幸矣。

我以小钱购得此画，其奥妙就在于我的平和低调。店主对此画不甚了了，当时我也是“揣着明白装糊涂”，如果我自以为是，点破玄机，店家定会认为这幅画非同一般，就是不用高价把我顶跑，也会大大加码。

昭君出塞图
清·冷枚

山水
吴待秋
水墨绢本 146cm×40cm
作者收藏

第六章 画外『投资』：实战、眼力与学养

有人说玩字画『一靠知识，二靠经验，三靠悟性』。我以为，潜心学习书画等知识，培养良好的心理素质、谨慎渐进的投资步骤等等，都属于『画外之功』。『画外之功』是购藏中国画的基础和保证。

一、实践经验最重要

从投资角度来看，中国画的收藏价值取决于两个方面：一是真品，二是具有增值潜力。画作一定要是真的，这是画作收藏投资的前提条件，以重价买进赝品，血本无归，不啻一场灾难。如何在艺术品市场中提高鉴别自己辨别其伪的能力？方法自然有许多种，但最重要的一条是实践——在游泳中学会游泳。

本书前几章已讲过中国画的鉴定、收藏、投资的基本原理，然而，理解的知识未必就能运用得好。既然搞收藏，就得投身进去，隔岸观火、空谈理论，是没有用的。多与实物打交道，多看、多比、多问，分辨真伪的能力自然会增长。双胞胎的兄弟或姐妹，街坊邻居分不清谁大准小，然而人家爹娘却认不错，原因还是一个“熟”字。鉴定也是这样，看多了自然就会了。

鉴定水平的提升是一个渐进的过程，要想成为收藏投资的行家里手，必须经过长期的历练。投资中国画可以自己把关，也可委托经纪人，或请专家掌眼。经纪人是为买卖双方撮合，并取得佣金的人。长期以来，人们忽视艺术品经纪人，很多人都认为拍卖行实际上就是经纪人，甚至很多拍卖行也这么认为。其实，艺术品经纪人是有艺术眼光同时又有经济头脑的人，是收藏家不可或缺的助手。因为收藏家需要一个能在鉴别艺术品真伪、价值、走向，甚至在付款、运输等方面提供服务的人或机构。关于经纪人，马未都说过：“经纪人制度在国外由来已久，大家都很认同这种方式。西方的很多藏家都不一定懂艺术品，但是经纪人肯定懂。收藏家只要把这个领域里的专家请来，经过研究后做出收藏计划，后面就由经纪人来做了。由于做得非常专业，所以西方大收藏家也都非常成功。但中国现在还没有，即使花了大价钱请人掌眼，在收藏上也是一塌糊涂。”看来，我国艺术品经纪人尚未实行，至少未被大多数藏家所采纳。

至于专家，现阶段人们对其质疑的程度，可能比质疑拍品的真伪还要严重。谁是专家？专家是谁？人们的认知程度不强。当然我不是否认专家的作用。我在一篇文章里提到：“搞收藏尽可请专家掌眼，但别人终归代替不了自己，也不一定能让你在收藏的市场赚钱致富。有人迷信专家，认为专家即可一锤定音，其实专家也不是万能的，也照样有‘看走眼’的时候。”我认为真正的专家是指那些在收藏领域有真本领、真眼力的人，请这样的人掌眼才是明智的。

秋窗丽影

佚名

设色纸本 128cm×31cm

作者收藏

春江放棹

诸乐三

设色纸本 镜心

118cm×33cm

作者收藏

二、眼富才能眼高

从事中国画收藏遇到第二个问题是什么样的作品是好作品，即收藏品位的问题。只有解决好这两个问题才能使自己用于收藏的投资不受损失，才能摆脱低层次循环而达到眼高手也高的境界。在这方面，书画鉴定前辈韩慎先老先生有一条切身体会，叫做“眼富”。

韩慎先，字德寿，号夏山楼主，久居天津，上世纪二三十年代常往返于北平、天津间，对京剧艺术孜孜以求，得陈彦衡亲传，京剧表演造诣与余叔岩相伯仲，有说在言菊朋之上。他的拿手好戏“三子”，即《法场换子》、《辕门斩子》、《桑园寄子》，风靡一时，誉满平津。然论其一生，诚如韩的至交许姬传先生所言：“慎先以善谭派名于时，乃掩其鉴定书画之才。”

韩慎先自幼喜爱文玩绘画。他秉承家教，博览群书，诗文、书画、音韵皆学有渊源。书法宗晋唐，有秀润之气；山水法“四王吴恽”，韵致古朴；诗词远踵唐贤遗风，近撷竹垞（朱彝尊）之格，意境清新。他十几岁即涉足古玩市肆，久之对文物慧眼独具，常从旧物中发现珍品，从“赝品”中发现真迹。尝对人戏言：“我过目的东西多，所以眼富；你们看得少，所以眼穷。”

墨葡萄
明・徐渭（经韩慎先鉴定）

韩先生自号“夏山楼主”也是由于他“慧眼识宝”，得元代王蒙和清初王石谷的山水画而取之。一次，韩在北平琉璃厂见到一幅元代大画家王蒙（号黄鹤山樵）的山水《夏山高隐图》，此画为绢本，按当时风气，重纸本而不重绢本，人们对此画褒贬不一，先生则认定为王蒙之精品，果断买下。不久，又在天津友人处见到王石谷临《夏山高隐图》挂幅，便以文衡山的山水画交换而得。遂以这两幅画的画题取“夏山楼”为斋名，号“夏山楼主”。后来，这两幅画都被行家看好，辗转入藏于故宫博物院。

韩慎先过目及收藏的书画珍品甚多。据许姬传先生讲，许的弟弟原来从画贩手中以400元购得傅青主《天泉舞柏图》，画法高古，泉水绕柏树流出，题“天泉舞柏图”，款“真山”，均作隶书，下钤“傅山之印”。有人疑为伪托，而韩慎先却断为真迹中之精品。此画惜在“文革”中被席卷而去，早已杳无踪影。许老还谈到韩慎先为他人鉴定书画的事：许姬传曾到琉璃厂寻找真本松雪六体千字文，结果没有买到，无意中在一家古玩铺见到一张陈老莲仿元人双钩竹石的立幅。

夏山高隐图

元·王蒙（经韩慎先鉴定）

这张画的外表是内地的破裱工，连轴头都没有，画上只有"洪绶"两个小字款，下盖一方小印章，隐在竹根旁边。许第二天将该画买下，有人不相信这画真是陈老莲的作品。许姬传将其带到天津，请韩慎先鉴定，韩当即定为真品。

除上述一些书画作品外，经韩慎先鉴定的还有宋代苏东坡的《古木怪石图》卷（无款）、宋拓黄山谷《此君轩诗碑》（现存中国国家博物馆）、明徐青藤《墨葡萄》（现存故宫博物院）、宋拓佛遗道经（现存天津博物馆）等。1927年，韩慎先赴日本大阪举办他个人的收藏展览，由谢康博先生担任翻译，在社会上引起不小的轰动。

20世纪50年代初，时任天津文化局局长的阿英特请韩慎先负责文物鉴定工作，一直工作到1962年逝世（其时韩已担任天津艺术博物馆副馆长）。十多年来，他为国家搜集了大量文物，其中尤以宋人

柏节松年图

清·沈宗敬

1704年作 墨色绫本 立轴

钤印：沈宗敬书画记、狮峰、烟庐告旷

题识：柏节松年，康熙甲申（1704）夏日，恭祝青岩老先生六十初度，并为方家清正。狮峰沈宗敬。

156.5cm×45cm

RMB：120,000—200,000

沈宗敬，字南季、恪庭。号狮峰、狮峰道人、卧虚山人。华亭人。康熙二十七年（1688）进士。官太仆侍卿、提督四译馆。音乐、诗书画俱精。山水师倪瓒、黄公望，上溯巨然。水墨居多，青绿亦偶为之。此作笔法灵动，节奏较强，与古人迥然有异。此件来自于美国藏家。

张择端的《金明池夺标图》最为珍贵。在此之前，张择端的传世作品仅有《清明上河图》一件。他曾到著名文物收藏家张叔诚老先生家征集文物，开始，张老拿出三册宋人杂画册，画册中真伪并存，韩先生火眼金睛，从中识出宋人的《西湖争标图》、马远的《月下把杯图》、杨补之的《梅花》等宋画中珍稀之品。1961 年他在北京宝古斋选画，当时宝古斋傅凯臣、靳伯声、张采臣等把真伪混杂的大批书画提供给韩先生过目，一方面是为了生意，另一方面也是试试韩先生的眼力。韩慎先在千百张画中筛选，挑了不少真迹，其中还发现了画史上未见记载的万邦正、万邦治等明代院体画家的作品，为美术史填补了一项空白。一些老先生对韩慎先鉴别小名头画家的眼力至今赞不绝口。

“眼富”既是寻真辨伪的前提，也是提升艺术品收藏品位的条件，这是无数鉴定家在鉴定生涯中的一个共同的感悟。韩慎先老先生不仅辨别真伪堪称一绝，而且眼界甚高，这都得之于他的“眼富”。

三、学养是购藏的本钱

艺术品的价值首先在于艺术文化内涵。从某种意义上讲，玩收藏就是玩文化。字画里的学问博大精深，玩字画要具备一定的文化修养和传统文化意识，并以文人的眼光选购那些既有深刻文化内涵又体现中国传统精神的艺术品，只有学养深厚的人才能真正进入高层次的艺术收藏。

关于收藏与学养的相互作用，我这里仅举一个梁启超藏画的例子。

众所周知，梁启超博学多才，贯通古今，不仅通达于经世文章，而且潜心研究金石书画。藏画、赏画、题画是伴其一生的雅好。作为学术大师，梁先生藏画其独特的视角，是文化人对艺术敏锐的灵感和超凡脱俗的欣赏趣味所致。

梁启超推崇的画作，既有出自古代名家的古画，也有当时一些丹青里手的新作。他珍藏字画向来无功利之心，不管绘画作者的名气大小，不管日后市场价格能不能飙升，吸引他的只是字画本身。而他以文眼识得的东西必是品位不凡的佳构。说来您可能不一定相信，梁启超先生藏画竟以与其过从最密的余绍宋的作品为最丰。

余绍宋（1882—1949），字越园，号寒柯，浙江龙游人。生于广州。中年服官北京，晚年筑室杭州。工书，尤擅写山水、松竹，寻丈巨幅，大气磅礴，且有著述数种，是位学者型的书画家。余在杭州曾主编《东南日报》副刊《金石书画》，笔者有其合订本，读余绍宋撰写的《金石书画发刊词》，有“吾国欲跻于真正文明之域，自非阐扬国有之文艺为功”之言，深知余先生乃爱国艺术家。余先生虽不属中国大师级人物，但他的作品品位甚高。

梁启超与余绍宋早有交往。他们曾在司法储才馆一起工作。梁还曾为余主纂的《龙游县志》撰序。1927 年夏，余与梁同居津门，闲暇之时，余常来饮冰室与梁启超聊天。两人闲谈不久，余便开始作画，一般是画小幅的，如扇面、小条幅等。此时，梁启超总是把思达等人喊来，看着余绍宋作画，并请余给孩子们讲述国画技法，将余的小幅作品奖给大家收藏。其间，余还专门为在国外的思顺、思成、思永、思忠、思庄各画一幅扇面，作为赠给他们的纪念品。

这年农历八月间，应梁启超之邀，余绍宋在饮冰室内画了一幅巨大的《双松图》。为画此画，余一共来了三次，全画方大功告成。余绍宋离去后，梁启超立即在画面的空白处书写了一首很长的题画诗。全诗通过盛赞松树之刚直独立，道出为人处事要正直不阿、不畏强暴。诗中“群卉选新故”，暗指康有为、王国维相继去世，“神理忽森著”，形容事物的神理突出，双松同社会连在一起，更体现了梁启超的独到见解。

梁启超在《题越园画双松》诗后写有附记。其中提到：“儿曹学画者（指其子女），环立如鹄。一幅就，则欢噪争持去，独此双松，用贻老夫，莫敢夺也。”这天真稚朴的语言流露出他对绘画艺术的挚爱和对书画作者的真诚。此画现已不存，由当代画家贾宝珉先生补画一幅，今悬挂在修复后的梁启超饮冰室内。

苍松图

余绍宋 作者收藏

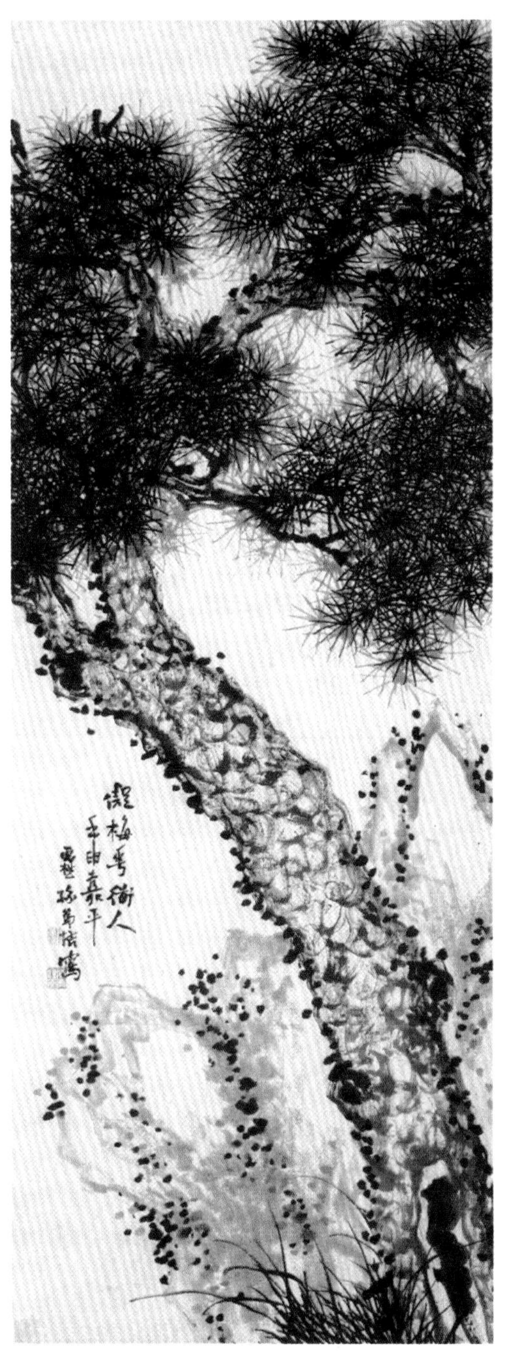

花卉

清·孙第培

水墨纸本 二轴　125cm×47cm

作者收藏

作为艺术行家，梁启超深谙画理及作品文化内涵。他不仅收藏品位高，而且凭借他对历史文化独到深刻的理解，透过画面本身，探作品的艺术本源和人文价值。他常作题画诗。他的题画诗面对的是画，却往往超越时空地表达一种目力所不及的理念，生发出一种强烈跳动的情感。

作于1915年的《题袁海观尚书所藏冬心画梅》是梁启超题画诗中最具代表性的一首。冬心，即金农，是清代著名的书画家。冬心画梅，大多枝繁花茂。上顶天，下立地，占满画面的“天地头”。以往咏冬心画梅者，不是言其傲干奇崛，就是写其迎寒独俏。梁启超题冬心画梅却从那疏影横斜、幽香远播中，用“云阶月地梦迢迢，长怪东风管寂寥，曾是空寒生纸账，天涯霜雪到今宵”引发出一种寂静与空虚。他是以古梅的清冷喻其内心的幽独，是以题梅作自我独白，这确是梁启超题画诗的高明处。

《题姚广孝为中山王画山水卷》寓意更深。姚广孝，即明初僧人道衍。道衍为燕王朱棣谋士，他助燕王以靖难为名夺得帝位。燕王当上皇帝，论功道衍为第一，故授僧录司左善世。中山王，即徐达，是明朝的开国功臣。梁启超题道衍为徐达所画山水，洋洋洒洒，不下三百言，然而他没有就画论画，而是驰骋想象，隐去身世，以“子房”（张良）文若（荀彧）尚黄土，忘机如师胡自苦？靖难功罪今谁论？画情霏作南湖雨”隐含自身的遭遇，道出出尘之慨。这首题画诗，气势博大，融会贯通，既蕴涵着深厚的学问功底，又渗透着作者个人的深切感受，非一般人可比肩。

梅
汤定之
纸本 立轴 63cm×26cm
作者收藏

此外，清乾隆时代广东画家甘白石的画轴、清末民初京剧名家谭鑫培自作的《渔翁图》、江苏武进籍书画家庄蕴宽所绘《扶桑濯足图》以及周肇祥所绘《篝灯纺读图》等，均由梁启超作过题跋。观画读诗，人们无不为梁先生的学养和眼界所折服。

学识是收藏者的本钱，高层次的收藏和鉴赏必以学问作铺垫。而没有文化的收藏则是低层次的、盲目的、愚昧的收藏——这正是梁启超给我们的启示。

四、培养好心态

艺术品收藏要冷静谨慎，培养好心态，中国画常爆出令人咋舌的天价拍卖纪录，使更多人想在中国画艺术品收藏的海洋中“试水”。但是这里的“水”有多深，投资者一定要有清醒的认识。

现今，大量从股市和楼市分流出来的资金流向艺术品收藏市场，在这种情势下，艺术品造假和坐庄式炒作是不可回避的。据业内人士透露，艺术品收藏市场上常有“大鳄”出没。这些“大鳄”采用类似“坐庄炒股票”的方式，在艺术品市场获取暴利。他们财大气粗，早就把部分在世的画家的作品基本买断，他们可以控制这些画家的“产量”和“库存”，在提供画家稳定收入的基础上将其作为“印钞机”。手中有货的“大鳄”们会用各种手段为画家造势、抬高身价。例如在多场拍卖会上进行“假拍”，由“托儿”轮番竞拍出惊人成交高价，使得许多普通买家相信该画家身价不菲。而“手中有货”的“大鳄”们随后“拉高出货”。

此外，当大量投资者涌入艺术品收藏市场时，艺术品市场原有的造假“暗流”也不断浮现。尽管媒体报道了近年艺术品收藏投资的回报率在30%以上，曾参与筹划组建国家文物鉴定委员会的书画名家冯经湖看来：“一旦买到了赝品，根本谈不上回报率，此类作品只剩贬值了”。所以投资艺术品一定得认清市场现状，时时怀着防范之心，切不可盲目追高，陷入狂热中。

稳健的投资源于藏家良好的心态和理性的应对。笔者认为，现在的艺术品市场，因行情接近透明，几乎无“秘密”可言，能“检漏”的机遇几乎没有。何况“检漏”又与机遇、眼力、魄力等多种因素有关，

不是多数人所能遇到的,行里人称之为“缘分”。“缘分”不是争来的,是一种千载难逢的机缘。作为藏家,不能总想着花几十块钱买个国宝,一夜暴富。这种几率比买彩票要低得多。把绘画艺术品当作一种寄托,一种对民族文化的欣赏认同,一个研究的对象,可能更实际一些。买错了不要气馁,吸取教训,多向真正的专家和行家学习,逐步向真理靠拢,避免今后再上当。买对了总结经验,找出一些规律性的东西,从理论上加以提高。

良好的心理素质还表现在藏家对“打眼”后的态度上。投资收藏,“打眼”几乎是无法避免的。对此,应持好心态。马未都先生写过一篇文章,题目是《打眼也是一种乐趣》。文章说:“收藏本是个人与千军万马作战,不死已是英雄,别奢望再不负伤。负伤对一个明智的收藏者不是耻辱,而是一种光荣。”“打眼是古玩收藏之路的必修课。”又说:“文化的乐趣是终身的乐趣,从这点上讲,打眼也是一种乐趣。体味痛苦,充实知识,这永远是收藏者的生活内容。古人云,不冤不乐,就是这个意思。”这是何等的潇洒与超脱。

能较快地正视自己所犯的错误,是一种能力、一种勇气,实际上也是一种良好

红树青山图
清・华喦
立轴 149cm×43.8cm
RMB:5,800,000—6,800,000
USD:794,500—931,500

的心态。“打眼——少打眼——基本不打眼”，是个不断进步的过程。据我所知，一些藏友就总是围绕“打眼”在转圈子，表现为三种现象：遇上大名头的作品就买，遇上价格便宜的就买、

空谷芳兰

罗朝汉 作者收藏

松荫话旧

清・倪田

设色纸本 立轴

82cm×18cm

作者收藏

遇上赝品就买。我认为这又是一种心理障碍，根子还是那个“贪”字。有位藏家说得好：从私有意识出现于人类社会那一刻起，生活变得丰富起来，随之需要解决的问题是戒贪。人性的弱点是会被利用的。防止打眼，戒贪极其必要，其次才是努力认真地学习各类知识。勇于面对收藏之路的荆棘乃至陷阱，关键是事后的总结修正。

不管怎么说，买假打眼总不是好事，杜绝发生，除了“防贪”、“练眼”之外，还得学会“规避”。比如：“不见兔子不撒鹰”，不管市场怎么变化，买家应该不见真货不买；“不熟不做”，自己不熟悉的不要轻易下手；“不买有争议的作品”，有说真有说假，模棱两可，莫衷一是，这样的东西最好不买；“买贵别买假”，东西买贵了，只要真，将来价位还有可能提升，假的东西再便宜，买到手也一钱不值。

还有的藏友提出“三不买”的原则。一，不懂行不要买；二，有怀疑的不要买；三，不符合市场价位的不买。

本人赞同“三不买”的原则。归根结底一句话，就是要有防卫意识和自我保护意识，外界“炒”得凶，自己不可头脑发胀。别人横冲直闯，轻易将资金向外抛撒无所谓，自己要时时保持一颗平常心。

五、找准切入点

当今艺术品市场中，古今画家画作多如牛毛，投资者在投资和收藏时必须有所选择。什么人什么样的作品最看好？当然还是大家精品。集中有限资金买俏货，是艺术品投资的基本准则。

笔者说过这样的话：“投入越大，回报越大；回报越大，风险越大。”不知是否准确，不过有一点可以肯定：精明的收藏者善于在风险中抓住机遇，专攻精品俏货，这样的投资定能获得高的回报。

收藏中国画有多种选择，找准切入点至关重要。身为藏家可以从喜欢的画家入手，认真研究其画风，逐渐分辨出其作画阶段的起步、高潮、回落等时期的特点，能了解其代表作的精髓，重点购买他们的作品，便是一个很不错的切入点。同时收藏者通过各种渠道广交书画收藏业内朋友，最好能直接和在世的画家本人取得联系，获得画家本人的指点，这对于鉴别作品真伪和评估作品市场潜力也大有帮助。刚刚进入艺术市场的投资者和画商从小处起步，循序渐进，可先介入价位不太高的作品。由于投资者初涉市场，操作上从低价位入手，即使投资失手，损失也不会太大，如果投资得手，往往会增强投资者的信心。因此这也是个很好的切入点。

投资中国画还有一个切入点，即“专题收藏”。业内人士认为，由于个人财力精力有限，所以在书画收藏中伤其十指不如断其一指。书画专题收藏，既可以书画家为主，也可以品类为主。要是再分得细一点，专题之中还有专题，比如同样是花卉收藏，有人专收梅兰竹菊四君子，甚至只收藏兰花或荷花。这样做的好处一是可以省减精力财力，二是可以深入研究。例如有人一辈子收藏兰竹或荷花，那他对于古今各家所画荷花或兰竹的特色得失，就自然是成竹在胸、了如指掌，犹如怀里揣着本兰竹画谱、荷花画谱，或兰竹画史、荷花画史，这样经年累月鉴藏研究，就理所当然地成了某一方面的专家，而别人万难与之匹敌了。

“专题收藏”不仅能增长藏家在绘画某一领域中的鉴赏水平，更可形成的自己的“拳头”藏品，使其文史价值和经济价值大幅度地提升。笔者在投资中国书画中，曾经花费极大精力搜集弘一大师李叔同师友的作品，以期为深入研究李叔同生平及这位大师成长的历史背景、文化土壤及其社会关系打开一扇窗口，开出一条渠道。功夫不负有心人。经过多年的努力，我购藏了张兆祥、李采繁、柳亚子、蔡元培、谢无量等书画作品80多件，人们尽可从中一睹其“庐山真面目”；同时也能由此窥见李叔同与他们之间的交游，艺术上的各自特点和相互砥砺、相互作用及至相通之处。根据这些作品，我撰写了《大德善缘——李叔同师友遗墨品读》一书，已于2010年10月出版，成为我的一项学术成果。显然这组藏品的价值早已不再是“两两相加”的概念。此外，我还有扇画百幅、近代山水画系列的藏品，因这类“专题收藏”有其独特的研究利用价值及展示上的便利，更值得特别重视，欣赏价值和经济价值也就非同一般了。

投资收藏不必随大流。人弃我取，积水成渊，小中见大，独具慧眼。当别人都挤在一起抢购某种热门藏品时，您自可另辟冷门，选择那些暂不为人看重而又前景看好的中国画艺术品。

1915年李叔同在杭州时留影

炼剑图

叶一舟

设色纸本 立轴 148cm×39cm 作者收藏

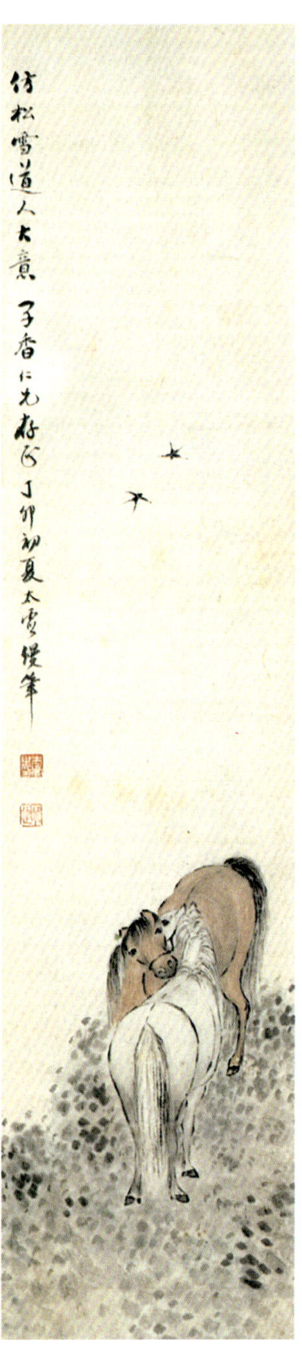

春郊双骏

太虚

设色纸本 174cm×26cm 作者收藏

太虚与弘一同为佛教大师，二人交往甚密。

黄山云起

黄耘石

设色纸本 66cm×39cm

作者收藏

陈钟年像

民国·伊睿辰

作者收藏

王襄题跋，陈钟年（书法家、教育家）、王襄（考古学家、甲骨文发现者和研究者），均为李叔同在天津的挚友。

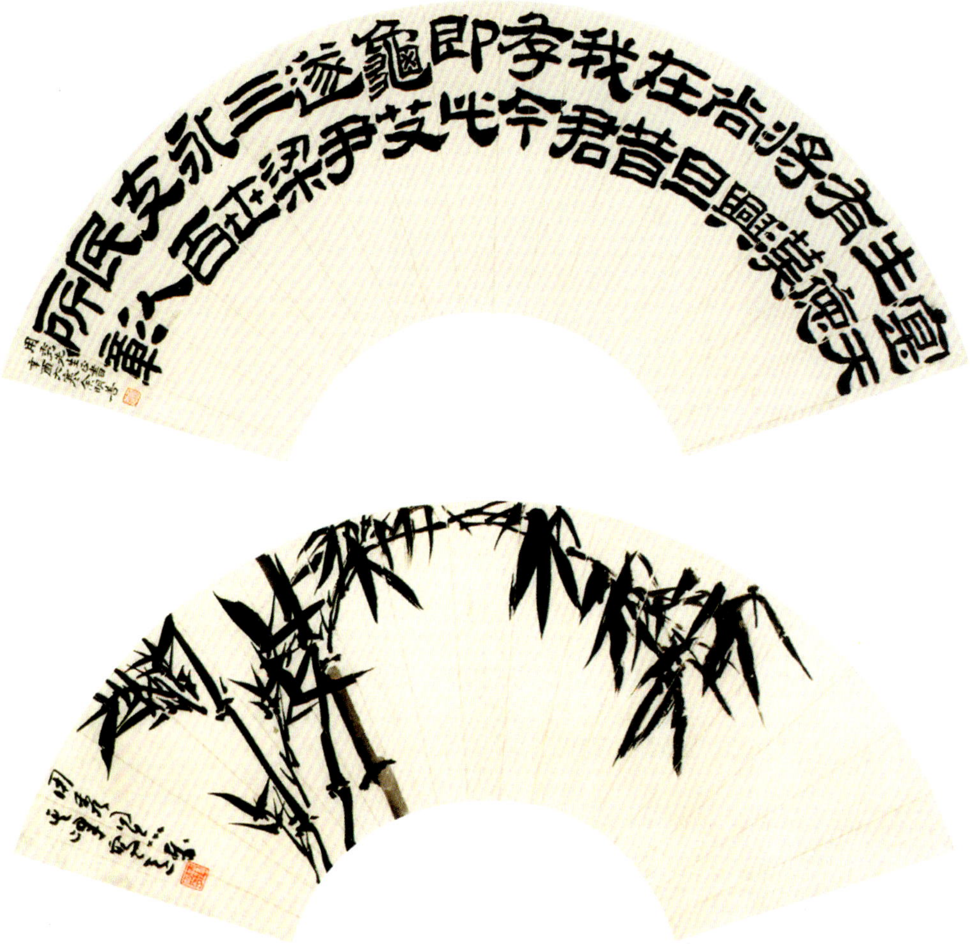

书画合璧

孙其峰 余明善 扇面

作者收藏

竹石图

梅振瀛

作者收藏

渔桥烟雨

吴庆云

作者收藏

关山夜月图

清·王素

设色纸本

136cm×26cm

作者收藏